집사,
그 자랑스러운
봉사

집사, 그 자랑스러운 봉사

초판 1쇄 _ 2021년 2월 10일

지은이 _ 이만규
펴낸이 _ 박종태
펴낸곳 _ 비전북
출판등록 _ 2011년 2월 22일(제 96-2011-000038호)

총괄팀장 _ 강한덕
마케팅 _ 박상진, 박다혜, 김경진
관리팀 _ 정문구, 정광석, 박현석, 김신근, 김태영(오퍼)
경영지원 _ 이나리
주소 _ 경기도 고양시 일산서구 송산로 499-10(덕이동)
전화 _ (031) 907-3927
팩스 _ (031) 905-3927
이메일 _ visionbooks@daum.net
페이스북 _ @visionbooks
인스타그램 _ vision_books_

디자인 _ 디자인집 02-521-1474
인쇄/제본 _ 예림인쇄/예림바인딩

공급처 _ (주)비전북
전화 _ (031) 907-3927
팩스 _ (031) 905-3927

집사,
그 자랑스러운
봉사

이만규 지음

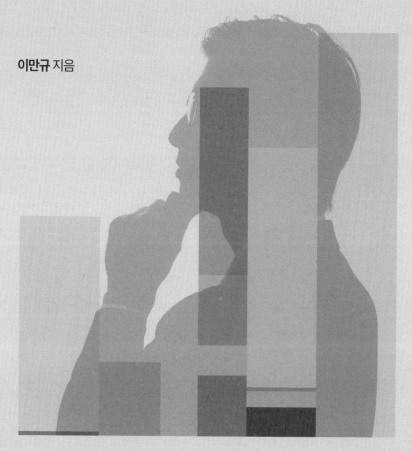

비전북

감사의 글 ✎

필자가 직분, '임직 비전 시리즈'에 관한 책을 쓰려고 하면서 가장 중요하게 생각하고 먼저 쓰고 싶었던 책은 바로 『집사, 그 자랑스러운 봉사』였습니다. 왜냐하면 집사야말로 직분자 중 가장 많은 수를 점하고 한국교회의 근간이 되는 직분인데 집사 자신이나 그를 세우거나 임명하는 교회에서도 집사직의 중요성을 깊이 인식하지 못하고 집사는 그냥 아무나 하는 직분으로, 교회를 좀 다니면 누구나 덮어 쓰는 명예 정도로 생각을 하기 때문입니다. 장로가 되거나 권사가 되려면 마음의 준비도 하고 직분에 대한 훈련도 받고, 또 어느 정도 긴장도 하고 영광스럽게 생각하기도 합니다. 그러나 집사가 되는 일, 특히 서리집사가 되는 것에 대하여는 아무런 감동도, 각오도, 감사도 없이 그냥 이름 대신 불릴 교회에서의 명칭 하나 얻는 것 정도로 생각합니다.

한국교회를 바로 세우려면 집사를 바로 세워야 하고, 직분에 대한 이해는 집사직의 중요성에서 출발해야 합니다. 집사야말로 한국교회의 코어 멤버(Core Member)이기에 전국 교회에 집사만 바로 되면 교회가 바로 될 수 있습니다. 집사들을 깨우는 것이 교회를 깨우는 것이고, 집사를 온전하게 하는 것이 한국교회를 온전하게 하는 것입니다. 그래서 이 책은 집사에 대한 지식 정보를 제공하려는 목적보다는 한국교회와 하나님의 나라를 위하여 집사들을 깨우기 위해 썼습니다. 예배를 집례하고 말씀을 전하고 교회를 이끌어가는 목사가 중요하고, 교회를 치리하고 권징을 통하여 교회의 의를 세워가는 장로도 중요하고, 성도들을 돌보고 양육하며 목양을 돕는 권사도 중요하지만, 어느 교회든지 교회를 교회 되게 하는 교회의 핵심 멤버인 집사가 참으로 중요합니다.

그래서 본서에서는 집사에 대한 성경적인, 그리고 교회법적인 지위나 직무를 기술하면서 가장 중요하게 생각한 것이 그들의 신앙, 그들의 신앙적인 삶, 그들의 삶으로 나타내는 복음의 능력을 중시했습니다. 집사가 온전한 그리스도인으로 살아야 세상을 밝힐 수 있습니다. 작은 규모의 교회, 산촌이나 어촌이나 어떤 오지에 있는 교회도, 목사와 장로는 없어도 집사는 있습니다. 그래서 집사가 소금이 되고 빛이 되면 전국 어디든지 세상을 바로 세우고 복음의 빛을 비출 수 있고 이 어둠의 세상을 밝힐 수 있습니다. 『집사, 그 아름다운 봉사』가 빛을 발한다면 교회는 물론 세상을 바로 세울 수 있을 것입니다.

집사의 진정한 봉사는 교회에서만이 아니라 세상에서, 이웃에서, 자신의 삶의 현장에서 이루어지는 봉사이며, 세상을 세우는 능력으로 작용할 수 있을 것입니다. 그래서 본서에서는 집사의 삶과 사명을 강조하였습니다.

이제 『장로의 헌신, 장로의 영광』으로 시작하여 『권사, 그 영광스러운 직분』에 이어서 『집사, 그 아름다운 봉사』로 "임직 비전 시리즈"를 마칩니다. 한국교회를 위해 기획하고 출판하여 책을 내어놓는 "비전북" 사장 박종태 장로님의 한국교회를 위한 헌신과 사랑에 감사하며, 함께 기획하고 도와주신 예배와 설교 아카데미 대표 김현애 교수님께 감사를 드립니다. 특히 "한국목회사역연구소"를 세워서 연구와 집필이 가능하도록 여러모로 도와주신 이사장 이종만 장로님과 부이사장 김형준 목사님과 박재언 장로님, 그리고 세심한 관심으로 연구소를 섬겨주시는 황인돈 목사님을 비롯한 여러 이사님들에게도 감사를 드립니다. 또 형의 어설픈 집필 작업을 돕기 위하여 자료를 찾아주고 보내주며 학자의 시선으로 잘 안내해 준 동생 이상규 박사에게 감사합니다. 그는 나와 함께 어머님 고 박귀돌 권사의 기도의 열매이며 우리 가문의 자랑입니다. 그리고 이 시리즈를 끝내면서 묵묵히 기도로 도와준 기도의 사람 아내 정유찬과 자랑스러운 딸 신희(최정훈), 신실한 아들 종명(권민영)이도 감사하고, 사랑스런 손주들(현서, 윤서, 예준, 하준) 역시 늘 기쁨입니다.

그리고 부족한 사람을 자신들의 목자로 세워서 30여 년을 동역해 주신 신양교회 장로님들과 모든 신양가족들에게 감사를 드립니다.

감사의 결론은 하나님께 올립니다. 나를 부르셔서 평생토록 목사로 살도록 세워 주시고 사용하여 주시고 영원히 함께하여 주실 하나님을 찬양합니다. 다 하나님의 은혜였습니다. 할렐루야!

2020. 9.

풍성한 계절 가을을 맞으며

한국목회사역연구소

소장 이만규 목사

목 차

교회 공동체의 허리,
집사의 갈 길과 영광을 바라보며

이만규 목사님은 한국교회 앞에 귀한 모범을 평생 보여주셨습니다. 은퇴하시고 나서 여전히 교회와 목회자들을 살피시고 섬기시는 모습은 소중한 영적 자산입니다. 목사님은 은퇴하시고 두 권의 책을 쓰셨습니다. 하나는 『장로의 헌신, 장로의 영광』이고, 다른 하나는 『권사, 그 영광스러운 직분』입니다. 본인은 이 두 권을 읽고 조금 더 일찍 만났으면 좋았을텐데라는 마음을 가지고, 여러 권 구입하여 가까운 분들에게 선물했습니다. 이제 목사님이 계획하셨던 임직 비전 시리즈 세 번째, 『집사, 그 자랑스러운 봉사』가 출판되었습니다. 이 시대의 한 목회자로 감사드리고, 또 많은 목회자들을 통해서 평신도들에게 잘 읽히기를 바라는 마음에서 추천합니다.

목회자를 위한 목회자라고 불리는 유진 피터슨은 목회자는 분주하지 않고 자아를 깨뜨리며 이 땅에 하나님 나라를 건설하는 종말론적인 사람이어야 한다고 했습니다. 이는 모든 목회자가 공감하며 자아의 걸림돌과 힘든 목회 환경 속에서 끊임없이 추구하는 것입니다. 그러나 하나님은 그런 목회의 길에서 함께 걸어가야 할 성도들을 붙여 주셨으며, 함께 공동체를 섬겨나가야 할 교회의 일꾼들을 세워 주셨습니다.

교회는 지금 코로나 시대의 한복판을 걸어가고 있습니다. 코로나가 언제 종식될지 모르는 상황 속에서 언택트(Untact)가 일상화되는 뉴노멀(New Normal)시대를 열어가고 있습니다. 우리가 지키고 섬기는 교회 공동체의 모판도 삶의 현장인 우리 사회에 위치해 있습니다. 많은 것들이 변화를 맞이할 것이라는 예견들을 하고 있습니다. 그런 상황 속에서 교회 안에서 더욱 중요해진 몇 가지가 있습니다. 하나는 부스러기를 떨어내고 말씀의 본질로 돌아가야 한다는 것이고, 다른 하나는 그런 변화 속에서 본질을 찾아가는 시대적인 일꾼과 구조가 필요하다는 것입니다. 그런 의미에서 여러 교회 직분 중에서 사회의 중추적인 자리를 감당하고 있고 교회 안에서 비교적 중간 젊은 그룹인 집사는 앞으로 더 중요한 역할을 잘 감당해야 할 것이라고 여겨집니다.

집사는 하나님 백성 공동체의 허리입니다. 초대교회 때 사도들에 의해 예루살렘 교회에서 가장 먼저 세운 일꾼은 바로 집사라는 허리 그룹이었습니다. '디아코노스'라는 집사 직분의 명칭은 공궤하고 시중드는 것에서 유래했습니다. 잘 섬기기 위해서는 허리가 든든해야 하고 또 허리를 잘 구부려야 합니다. 이는 집사로 세움 받은 아름다운 정체성입니다. 한편 집사는 영적인 발전의 가능성을 충분히 가지고 있습니다. 그들이 교회 안에서 섬기고 있는 부서와 분야들이 그렇고, 그들의 신앙 경륜이나 위치한 연령대가 그렇습니다. 그래서 미래지향적인 도전을 하는 움직이는 리더십 그룹이라고 할 수 있습니다. 앞으로 나아가기 위해서 우리에게 필요한 것은 시계가 아니라 나침반입니다. 집사가 중심을 잘 잡고 함께 가기 위해서 성경과 시대가 가리키는 곳을 나침반으로 방향을 잘 잡는 영적 훈련과 섬김의 훈련이 요구됩니다.

목사님께서 오랜 목회의 경륜의 결정판으로 집필한 이번 집사에 관한 책도, 장로와 권사의 직분에 관한 책처럼 유용한 나침반과 같은 역할을 할 것입니다. 목회자의 한 사람으로 책의 출판을 기뻐하며 감사드립니다.

고척교회 위임목사
예장통합 총회 제104회기 서기
한아봉사회 이사장
조재호 목사

한국교회의 오늘이 있게 한 직분, 집사

오늘도 수많은 책들이 출판되고 있는데, 교회의 각 분야에서 핵심적인 역할을 감당하는 집사직에 관한 책 한 권을 집사의 필독서로 자신 있게 추천합니다.

이 책은 "한국교회를 바로 세우려면 집사를 바로 세워야 한다"라는 목회 철학으로 한평생 교회를 섬겨 오신 이만규 목사님의 임직 비전 시리즈의 마지막 책인 『집사, 그 자랑스러운 봉사』입니다.

교회의 직분자 중에서 가장 많은 비중을 차지하고 한국교회의 오늘이 있게 한 직분이 집사직인데, 세워지는 집사나 임명하는 교회가 그 중요성을 깊이 인식하지 못하고 있는 것이 아닌가 하는 안타까운 마음에서 저자가 이 책을 집필하신 것으로 압니다.

이만규 목사님은 40여 년 간의 시무를 마치시고, 남은 생애를 한국교회와 후배 목회자들에게 조금이라도 도움을 주고자 한국목회사역 연구소를 설립하여 운영하고 있습니다. 그 첫 열매로 2019년 9월에 『장로의 헌신, 장로의 영광』을 출판하시고, 두 번째로 2020년 6월에 『권사, 그 영광스러운 직분』을 저술하신 후에, 이번에 임직 비전 시리즈 마지막 열매로 본서를 내놓습니다.

추천자는 30년 가까이 지근거리에서 이목사님과 깊이 교제하면서 지켜본 바 인격적으로나 실력으로나 존경받기에 충분한 분이라고 자신 있게 말씀드릴 수 있습니다. 이목사님은 그동안 제가 있는 자리에서 주변 사람들을 비판하거나 험담하는 것을 들어본 적이 없고, 언제나 사람을 칭찬해 주고 세워 주었으며, 주변 사람들을 시기하는 모습을 본 적이 없습니다. 저자는 바로 이런 인격의 소유자입니다.

책은 저자의 인격의 산물이라고 생각합니다. 특히 교회 직분자를 권면하고 바로 세우기 위해서 저술하는 책이라면 더욱더 그럴 것입니다. 그래서 저는 이 책을 자신 있게 추천합니다.

본서는 집사직이 어떤 것인가, 집사의 신앙적 교회법적 자격과 정체성, 집사가 감당해야 할 직무, 집사의 선택과 교육, 훈련, 임직에 관해서 서술하고 있습니다. 또한 이 책은 집사의 섬김의 바른 자세, 바른 신앙생활을 교훈하고 있습니다. 추천자는 본서의 한 문장, 한 구절, 한 단어까지도 정독하면서 한국교회의 중추적인 역할을 담당하는 집사에게 저자가 전하고자 하는 간절한 마음이 느껴졌고, 집사의 섬김과 헌신을 통해 한국교회가 바로 세워졌으면 하는 저자의 간절한 부르짖음이 가슴에 와 닿았습니다.

무엇보다도 저자는 목회 현장에서 몸소 경험한 바를 기초로 해서 집사의 바람직한 교회 섬김에 관하여 목회적 관점에서 서술하고 있습니다. 저는 집사가 바로 세워지면 교회가 바로 서고, 우리 모두가 걱정하는 한국교회의 위기도 넉넉히 극복할 수 있을 것이라고 확신하면서, 시무중인 모든 집사들의 교육자료로 활용되기를 기대하면서 정중하게 추천합니다.

한국목회사역연구소 이사장

예장통합 총회 제100회기 회계

예장통합 평북노회 전노회장

아름다운교회 원로장로

이종만 장로

또 하나의 역사를 기대하며

교회의 문제는 늘 직분자들의 문제입니다. 교회를 맡은 직분자들의 교회 섬김의 문제입니다. 그리고 직분자를 세우고 직분자를 임명하면서도 직분자들의 온전한 섬김을 친절히 안내하지 못한 목사, 장로의 책임 역시 간과될 수 없습니다.

이런 때에 직분의 소중성과 온전한 헌신에 대한 좋은 안내서가 출간됨을 기뻐하며 이 책을 추천할 수 있어서 감사합니다.

저자는 어려운 교회를 맡아 좋은 교회로 성장시키고, 참으로 평안하고 모범적인 아름다운 은퇴로 후배에게 목회를 물려주고, 원로목사로 이제 연구 활동에 전념하고 있는 목회의 정도를 보여준 목회자입니다. 저자는 그동안 "21세기목회연구소"를 통하여 한국교회 목사들에게 '연구하는 목회' 풍토를 보여주었고, "총회목회정보정책연구소"를 통하여 교단 100주년 기념 '목회 매뉴얼'을 발간하여 '목회 표준화 작업'을 이끌었고, 또 신학교 '목회 행정과 목회 리더십' 강의를 통해 목회 이론과 목회 실천의 좋은 사례를 보여준 목회자입니다.

이제 현직에서 은퇴하고 한국교회를 섬기는 또 하나의 헌신으로 "임직 비전 시리즈"를 기획하여 그동안『장로의 헌신, 장로의 영광』, 『권사, 그 영광스러운 직분』을 집필하여 출판하였고, 마지막으로 『집사, 그 자랑스러운 봉사』를 출판하게 되었습니다. 아름다운 섬김의 삶을 원하는 직분자들이 이 책을 통하여 직분의 소중성과 온전한 섬김의 길을 배우고 교회의 직원으로, 목회자의 충실한 협력자로, 세상의 빛으로 살아가는 지름길을 찾게 되기를 바랍니다.

은퇴 후에도 계속하여 "한국목회사역연구소"를 맡아 후배들의 목회를 코칭하고 실천적 교회론을 연구하고 목회 콘텐츠를 개발하며 한국교회를 섬기는 저자와 가까운 지인의 한 사람으로서 치하하며 또 격려합니다.

한국교회를 사랑하시는 하나님께서 이 책을 통하여 일하실 또 하나의 역사를 기대하며 이 책을 추천합니다.

한국교회법연구원장

전 숭실대학교 대학원장

전 총회재판국장

김영훈 장로

또 하나의 복된 선물

감사하고 기뻐합니다. 30여 년을 저와 함께 교회를 섬긴 저자의 "임직 비전 시리즈" 장로, 권사의 직분론에 이어서 마지막으로 집사들을 위하여 그 직분의 소중함과 지혜롭고 충성스러운 섬김의 안내서인 『집사, 그 자랑스러운 봉사』를 세상에 내어놓으심을 경하하며 감사하며 기뻐합니다. 추천자는 서리집사로, 안수집사로 저자의 목회를 돕고 또 저자의 안수를 받아 장로가 되어 교회를 섬기고 선임장로로서 교회를 이끌어 오는 동안 지근거리에서 저자의 목회 행정을 함께하면서 그의 신앙적인 목회 리더십을 누구보다 더 잘 알고 있기에 이 임직 시리즈에 대하여 많은 기대를 가지고 장로, 권사, 집사의 직분론이 완간되기를 기다려 왔습니다. 이 마지막 『집사, 그 자랑스러운 봉사』의 출간은 추천자뿐 아니라 우리 한국교회를 위한 희소식입니다.

저자는 교회가 심각한 위기에 흔들릴 때 교회를 맡아 오늘의 신앙

교회를 이루셨고, 또 교회 내적, 외적 수많은 도전 가운데서도 언제나 절차적 정의와 목회적 순수성을 지키면서 교회를 세워 오심으로 목회의 정도를 보여주셨습니다. 저자는 현장 목회뿐 아니라 "21세기목회연구소", 그리고 "총회목회정보정책연구소" 등의 목회연구기관의 이사장으로 후배들을 위해 목회 이론을 세워 오셨고, 특히 '장로회신학대학교', '대전신학대학교' 등 신학교의 강의를 통하여 목회 실천뿐 아니라 교회 행정과 목회 리더십의 탄탄한 이론적 한 모델을 보여주셨습니다. 그래서 저자를 도와 교회를 섬겨온 추천자로서는 이 책을 통하여 집사로 섬겼던 지난날을 돌아보게 되었고, 정제된 직분의 원리를 다시 기억하고 후배 봉사자들의 지도에도 참으로 유용한 길잡이를 다시 만난 듯 기쁨을 갖게 됩니다.

제직은 누구나 다 좋은 봉사자가 되기를 원하고 온전한 헌신으로 자신의 삶을 드리기를 원하지만 아직 한국교회에서는 이 직분론에 대한 정확한 안내서가 없기에 거의 모두가 막연히 선배들의 섬김을 답습하거나 자기 소견으로 직임을 감당함으로 때로 교회나 성도들을 불편하게 하기도 했습니다. 그러나 이제 단단한 이론적 배경과 실천을 통해 정리된 저자의 이 직분론을 통하여 직분에 대한 정확한 이해와 섬김의 도리를 배우게 됨은 후배들에게 또 하나의 복된 선물이라 생각됩니다.

은퇴 후에도 계속 한국교회를 위해 좋은 책을 쓰는 등 교회를 온전하게 하기 위한 저자의 수고와 교회 사랑에 감사를 드리며, 이 책을 교회를 바로 섬기기를 원하는 모든 후배들에게 기쁨으로 추천합니다. 앞

으로 이 책이 한국교회를 바로 세워 나가는 데 좋은 길잡이가 되기를
소망합니다. 감사합니다.

28년을 저자와 함께한

신양교회 선임장로

이종각한의원장

이종각 장로

교회를 건강하게 세우기 위한 안내서

어떤 조직이나 건물이든 기초가 튼튼해야 합니다. 그 다음으로 기둥이 튼튼하게 세워져야 합니다. 이와 마찬가지로 교회를 바르게 세우기 위해서는 바른 신학이 그 바탕을 이루어야 합니다. 교회 공동체 조직에서 교회를 세우는 근간은 집사라는 직분입니다. 저자는 신양교회에서 오랫동안 목회를 해 오신 담임목사였다는 점에서 집사의 직분과 직무에 대한 깊은 통찰력을 가지고 계심을 알 수 있습니다. 그 통찰력을 가지고 한국교회를 건강하게 세우기 위한 중요한 가르침을 이 책에 담았습니다.

이 책은 일반 다른 책에서 담을 수 없는 목회적 연륜과 성경적 근거를 포함한 내용을 담고 있습니다. 따라서 이 책은 교회의 근간을 이루는 집사의 직분과 직무를 통하여 교회를 건강하게 세우기 위한 안내서 역할을 할 것입니다.

저자는 "임직 비전 시리즈" 세 번째 이야기를 담은 『집사, 그 자랑스러운 봉사』를 출간하면서 누구보다도 한국교회가 바르게 세워지길 간절히 바라고 계십니다. 그러한 마음을 담아 저술한 이 책은 집사의 직분과 직무가 거룩하고 중요한 것인지에 대해서도 언급하고 있습니다. 저자는 "집사는 교회의 근간을 이루며, 교회를 세워가는 가장 기본이 되는 직분"이라고 강조하면서 "집사를 바로 세워야 교회를 바로 세울 수 있게 된다"고 말합니다. 그렇기 때문에 "집사의 직분은 자랑스러운 직무"임에 틀림이 없습니다.

이 책은 한국교회 모든 지도자들뿐만 아니라 교회를 바르게 세우기 원하는 모든 집사들이 꼭 읽어야 할 필독서입니다. 또한 교회가 집사를 바르게 세우고, 집사로 세워져야 할 성도들에게 좋은 가르침을 주는 좋은 책이기에 본서를 적극적으로 추천합니다.

예배와 설교 아카데미 대표

김현애 목사

시작하면서

교회 공동체의 힘은 제직에게 있고, 제직의 중심은 집사이다. 교회를 짊어지고 있는 교회 공동체의 기초가 바로 집사이다. 교회의 힘은 바로 집사의 힘이다. 장로의 직임이 치리와 권징이고, 권사의 직임이 성도 돌봄이라면, 그 치리나 돌봄을 가능하게 하는 교회의 기본 바탕이 바로 집사이다. 집사의 봉사 위에 당회의 치리도, 권사의 돌봄도 가능하다. 그래서 집사의 직분은 자랑스러운 직분이다.

교회 직분 중 제일 많은 수의 직분이 바로 집사이다. 특히 농촌교회나 작은 규모의 교회들은 교인의 대부분이 집사인 경우도 있다. 그래서 집사는 '아무나 하는 것'으로 인식되고, 몇 년 만 교회 나오면 그냥 집사가 되는 것으로 오해하기 쉽다. 그렇다. 집사가 많다. 실제로 큰 사명감이나 집사의 중요성을 잘 몰라도 교회 출석을 잘 하는 성도에게는 예우나 인사 정도로 생각하고 집사로 임명하는 경우도 상당히 많이 있을 것이다. 안수집사인 경우는 그래도 교인들의 선택을 받고 안수를 받아 항존직분자로 세워진다는 특별한 의미와 또 사명감이 강조되지만, 서리집사의 경우는 집사직을 그렇게 중요하게 생각하지 않고 임명하거나 또는 잘 알지도 못하고 집사 임명을 받는 경우도 있다. 그래서 사람들이 "장로나 권사, 안수집사라면 몰라도 서리집사는 아무나 하는 것"으로 오해하고 그 직임과 사명에 대하여 배워야 할 것도, 알아야 할 것도 없는 것으로 생각한다.

그러나 실제로 집사는 교회의 근간이며, 교회를 세워가는 가장 기본이 되는 직분이다. 교회에 여러 직분이 있지만 교회 사역을 구체적으로 책임지고 담당하는 것은 집사 몫이다. 그래서 집사를 바로 세워야 교회가 바로 세워지고, 집사가 바로 되어야 교회가 바로 된다. 아무나 집사가 될 수 있지만 아무렇게 해도 되는 직분은 아니다. 집사야말로 교회의 사역을 맡은 가장 중요한 직분이고 교회의 자랑스러운 봉사자이기 때문이다.

교회에 집사가 많다는 것은 흉이 아니라 자랑이다. 사역을 담당하는 집사가 많으면 사역을 많이 할 수 있고, 사역이 많으면 집사도 많이 세워야 한다. 따라서 집사 수가 많다는 것은 사역이 많다는 말이지 직분이 흔하다는 말이 아니다. 규모가 작은 교회도 교회 노릇을 바로 하고 교회를 온전히 세우기 위해서 교인 전체가 다 사역을 맡아야 하니 교인의 대부분이 집사일 수밖에 없다.

교회 여러 직분의 근간이 집사이기 때문에 집사직은 교회 모든 직분 중 가장 중요한 직분이다. 장로나 권사는 못 세워도 집사는 세워야 교회가 된다.

장로나 권사처럼 집사의 자격을 성경에서 엄격하게 제한하고 있는 것은 집사의 중요성 때문이다. 집사 역시 안수받는 항존직분자이며 안수하여 세우는 귀한 교회의 직원이다. 안수받은 집사가 부족함으로 사역을 위해 서리집사를 세우지만 서리집사 역시 집사의 의무나 권리, 그리고 직임은 안수받은 집사와 동일하다. 집사는 치리(治理)를 위해 교인 수에 비례하여 세우는 장로와 달리 수의 제한이나 교인 수에 비례하지 않는 이유는 그 직능이 다르기 때문이다. 장로는 교회 치리와 권징을 위한 직분이므로 교인들의 대표성을 갖게 하기 위해 그 수를 제한하지만 집사는 교회 사역을 위해 세우는 직분이기 때문에 수를 제한하지 않아도 된다. 왜냐하면 교회의 사역을 제한할 수 없기 때문이다. 그것은 결코 직분의 높고 낮음을 의미하지 않는다. 집사는 많을수록 좋다. 교인 모두 다 집사여도 좋다. 교인 모두가 다 사역에 책임 있게 참여한다는 의미이기 때문이다.

장로가 치리와 권징을 위한 직분이고, 권사는 교인을 돌보는 직분이라면, 집사는 사역을 위한 직분이다. 더욱더 중요한 것은 교회의 재정 집행의 책임이 집사에게 있다는 사실이다. 그래서 교회 헌법은 집사의 직임을 "제직회의 회원이 되며, 교회를 봉사하고, 헌금을 수납하며, 구제에 관한 일을 담당한다"(헌법 정치 제8장 50조)라고 규정하고 있다. 물론 '집사'는 안수해서 세운 항존직으로서의 집사를 말한다.

'집사' 외에 '서리집사'라는 직분이 따로 있는 것이 아니라 서리집사 역시 그 사역과 의무와 책임과 직능에 있어서는 같은 집사이다. 다만 안수하여 세운 집사가 부족하여 사역을 더 확대하기 위해 임시로 세웠을 뿐이지 직능의 차이나 사역의 경중의 차이가 아니다. 선출 방법이나 직분을 맡은 임기의 차이일 뿐이고 직능은 모두가 동일하다. 집사의 직임과 헌신은 귀하고 그 직분 역시 "자랑스러운 봉사"를 위한 직분이다.

본서는 집사의 중요성을 다시 확인하고 그 집사의 봉사가 자랑스러운 봉사가 될 수 있도록 집사의 바른 신앙과 집사의 사역과 교회 섬김의 안내서로 집필하였다. 무슨 일이든 바로 알아야 바로 할 수 있듯이 교회의 근간이 되는 집사직 역시 바로 알아야 바로 섬길 수 있기 때문에 철저한 훈련으로 세워서 하나님의 나라를 위해 쓰임 받도록 해야 한다. 한국교회에 수많은 집사들의 역량이 이 땅에 하나님의 나라를 세우는 일에 선용될 수 있기를 기대하며 이 책을 낸다. 집사들의 헌신과 수고가 한국교회를 세우고 하나님의 나라를 세우는 영광스러운 봉사가 되기를 기대한다.

1
집사, 자랑스러운 봉사자

교회는 예수님께서 승천하신 후 예수님의 말씀을 따라 예루살렘 마가의 다락방에 모여 기도하다가 성령의 충만함을 받은 120여 성도들로부터 시작되었다. 성령의 역사로 날로 그 수가 더해갔고 사도들의 가르침을 받고 모이기를 힘쓰고 함께 떡을 떼고 물건을 서로 나누는 교회 공동체가 형성되었다. 처음 교회인 초기 예루살렘 교회는 어떤 제도나 조직이 아니라 사도들이 직접 다 이끌어 갔다. 그러다가 성도들의 수가 많아지고 그에 따라 사역이 많아짐으로 사도들을 도울 일곱 명의 지도자를 뽑은 것이 교회 조직의 시작이었다. 사도행전 21장 8절에서 "이튿날 떠나 가이사랴에 이르러 일곱 집사 중 하나인 전도자 빌립의 집에 들어가서 머무르니라"고 기록함으로 이들이 처음 교회의 공식적인 첫 '집사'임이 밝혀졌고, 집사의 직분을 가지고 교회 공동체의 일을 책임지고 봉사하게 되었다.

공식적으로 성경에 등장하는 집사(διακονος) 직분은 빌립보서 1장 1절의 바울과 디모데가 빌립보 교회에 편지하면서 쓴 "빌립보에 사는 모든 성도와 또한 감독들과 집사들(διάκονς)에게 편지하노니"라는 인사말을 보면 이미 각 교회에 집사가 있었던 것을 알 수 있다. 그리고 사도 바울이 디모데에게 보낸 목회서신인 디모데전서 3장에서 "이와 같이 집사들도 정중하고 일구이언을 하지 아니하고 술에 인박히지 아니하고 더러운 이를 탐하지 아니하고"(8절), "집사들은 한 아내의 남편이 되어 자녀와 자기 집을 잘 다스리는 자일지니"(12절)라고 집사들의 자격을 구체적으로 제시하고 있고, "이에 이 사람들을 먼저 시험하여 보고 그 후에 책망할 것이 없으면 집사의 직분을 맡게 할 것이요"(10절)라고 집사를 엄격한 기준을 가지고 세우고 있음을 볼 수 있다. 그리고 "집사의 직분을 잘한 자들은 아름다운 지위와 그리스도 예수 안에 있는 믿음에 큰 담력을 얻느니라"(딤전 3:13)고 하여 집사 직분의 영광스러움을 설명하고 있음을 본다. 곧 그때 이미 집사직이 공식적으로 임명되고 역할이 주어졌음을 볼 수 있다.

1) 집사의 일반적 개념

집사(執事)라는 명칭은 꼭 기독교인이 아니어도 이미 사람들이 잘 알고 있는 직분이다. 왜냐하면 옛부터 우리나라에서 일반적으로 고위층

인물의 집이나 사찰에서 가사(家事)나 사무를 도맡아서 관리하는 사람을 집사(執事)라고 불렀기 때문이다. 곧 주인의 재산이나 혹은 종들을 맡아서 관리하는 사람, 집주인에 비하여 신분이 낮거나 혹은 고용되어 일하는 시하인(侍下人)의 통칭이기도 했다.

집사는 한자로 '執事'이다. "일을 잡고 있는 사람", 곧 "일을 책임지고 있는 사람"이라는 의미이다. '執事'라는 한자어는 중국의 가장 오래된 역사책 중의 하나인 서경(書經) 반경(盤庚) 하편(下篇)에서 '여러 벼슬아치들'을 일컫는 말에서 유래했고, 우리나라에서도 고려시대에는 '집사부(執事府)'가 설치되어 집사가 왕궁의 모든 일을 감독하였다고 한다. 곧 집사(執事)라는 직임은 세도가(勢道家)의 집안일을 맡아 관리하는 '청지기'를 일컫는다.

서양의 경우에도 이와 같은 종류의 직임이 있었다. 주인의 재산이나 영지를 관리하던 관리인으로 'Chamberlain'이나 'Steward'로 불렸던 사람들이다. 물론 국왕이나 왕실에도 Steward나 Chamberlain이 있었는데, 이들은 왕실의 재산이나 관리들을 관리하는 매우 큰 권력자였다. 그래서 왕실의 Chamberlain은 'Lord Chamberlain'이라고 부르기도 했다고 한다. 우리가 소설 등을 통해서 흔히 알고 있는 일반적 집사의 이미지는 버틀러(Butler)인데, 부잣집 저택에 고용되어 주방, 식당, 와인 저장고, 식량창고를 관리하는 하인을 일컫는 말이기도 했다.

지금도 우리 주변에서 무슨 중요한 일을 맡아서 주인을 대신하여 관리하는 사람을 '집사'라고 부른다. 특히 교회 직분 중에 집사가 있고 그 수가 많음으로 우리에게도, 그리고 비기독교인들에게도 집사라는 직분은 생소하지 않다.

2) 성경에서의 집사

교회를 섬기는 성경적 직분의 시작은 사도행전 6장에서 사도들이 기도하는 일과 복음 전하는 일에 전념할 수 있도록 사도들의 일을 돕고 협력하는 직분으로 안수하여 집사직을 세운 것이 그 시작이라고 할 수 있다.

예수님의 제자들은 예수님께서 승천하시기 전 "예루살렘을 떠나지 말고 내게서 들은 바 아버지께서 약속하신 것을 기다리라"(행1:4)는 예수님의 분부를 따라 가룟 유다 대신 '맛디아'를 제자로 보선하는 등 준비를 하고 마가의 다락방에 모여 기도에 힘썼다. 오순절에 그들은 예수님의 약속대로 충만한 성령 세례를 받았다. 성령 충만한 그들은 주님의 "성령이 너희에게 임하시면 너희가 권능을 받고 예루살렘과 온 유대와 사마리아와 땅 끝까지 이르러 내 증인이 되리라"(행1:8)고 하신 뜻을 따라 담대히 복음을 전파했고, 수많은 사람들이 주께로 돌아오고 세례를 받아 신도의 수가 삼천 명, 오천 명으로 늘어났다. 뿐만 아니라 이들이 다 함께 모이고 모든 물건을 서로 통용하고 자신의 재산과 소유를 팔아 필요한 사람들에게 나누어 주고 모이기를 힘쓰고 함께 떡을 떼며 기쁨과 순전한 마음으로 음식을 나눠 먹고 하나님을 찬미했다. 그들은 온 백성에게 칭송을 받았고 주께서 구원받는 사람을 날마다 더하게 하셨다(행 2:43-47).

마가의 다락방에서 시작된 주님의 작은 공동체, 곧 교회는 그 어려운 시대적 상황에서도 들불처럼 번져 나가서 이제 선교의 능력을 갖춘 힘 있는 공동체가 되었다. 성령의 큰 능력을 힘입어 사도들이 담대히 복음을 증거함으로 많은 사람들이 은혜를 받아 자신의 밭과 집을 팔아 사도들에게 맡겼고, 그로 인해 교회에는 가난한 사람이 없었다(행 4:34)고 기록하고 있다. 놀랍게도 당시 로마의 압제와 경제적 곤란 중에서도 교회는 가난한 사람들을 도와줄 수 있는 능력까지 갖추게 되었다.

이제 사도들은 복음 증거뿐 아니라 성도들이 바친 재산을 관리하고 필요한 사람들에게 분배하는 일까지 담당해야 했다. 결국에는 사도들이 복음 증거보다는 구제하는 일에 더 많은 시간을 소비하게 되었다(행 6:2). 그러다가 나중에는 분배 문제로 인해 헬라파 유대인들과 히브리파 유대인들 사이에 갈등이 생기게 되었다. 성령 충만했던 제자들은 문제의 심각성이나 원인을 바로 판단하여 "우리가 하나님의 말씀을 제쳐 놓고 접대를 일삼는 것이 마땅하지 아니하니"(행 6:2)라고 반성하고, 사도들이 말씀 증거하는 것과 기도하는 일에 힘쓸 수 있도록 교회 재정과 봉사를 담당하여 사도들을 도와줄 봉사자를 뽑기로 하였다. 그들 중에서 "성령과 지혜가 충만하여 칭찬받는 사람 일곱"을 택하여 안수하여 세워서 재정과 봉사를 맡기고(행 6:3) 사도들은 "오로지 기도하는 일과 말씀 사역"에 힘썼다.

이때 안수받은 일곱 명(스데반, 빌립, 브로고로, 니가노르, 디몬, 바메나, 니골라)이 바로 교회 역사상 처음으로 세워진 집사이다. 사도행전 21장 8절에서 이들을 "일곱 집사"라고 명기하고 있다. 물론 이들은 단지 구제나 교회 재정만이 아니라 교회 지도자로서의 책임을 감당하였다. 바울은 각 교회들에게 편지하면서 "감독들과 집사들에게 편지하노니"(빌 1:1)라고 쓰고 있고, 집사의 자격을 엄격히 규정하고(딤전 3:8-10) 있음은 집사가 단순히 재정과 구제, 곧 봉사만이 아니라 교회의 중요 사역자임을 말하고 있다.

이들 중에 스데반 집사는 은혜와 권능이 충만하여 큰 기사와 표적을 민간에게 행했고(행 6:8-10), 복음을 위하여 첫 순교자가 되었다(행 6:8-15). 빌립 집사 역시 사마리아 성으로 가서 큰 능력으로 복음을 전했고(행 8:5), 성령의 이끌림을 받아서 에디오피아 여왕 '간다게'의 국고를 담당하고 있는 내시에게 세례를 베푸는 등 전도자의 역할을 감당하였다.

이처럼 집사는 처음 사도들의 사역을 돕는 협력자로 세움 받아 교회 공동체의 재정과 봉사(행 6:1-4) 등을 담당하였다. 이렇게 사도들의 복음 증거를 돕기 위해 교회 지도자로 세운 것이 교회 집사의 유래라고 할 수 있다.

이와 같이 성경에서 말하는 집사 디아코노스(διακονος)는 '보조자',

'수종드는 자', '일꾼' 등을 의미하며, 사도들을 도와서 교회를 섬기는 봉사자를 의미했다. 초대 예루살렘 교회에서는 이들이 주로 가난한 사람들을 돌보는 봉사와 교회의 재정을 담당했다. 물론 이들은 스데반 집사나 빌립 집사의 경우처럼 적극적인 복음 전도자였고, 사도들이나 감독의 보조 역할을 하기도 했다. 사도들을 도와 교회 여러 일을 담당하는 사역자였다고 할 수 있다.

3) 교회법에서의 집사

집사는 신약성경에서 헬라어로 '디아코노스(διακονος)'라고 했다. 그런데 이 '디아코노스'는 영어로 'Deacon'을 말하는데 이 말은 '보조자' 혹은 '행정가'라는 의미이다. 우리 장로교단에서는 집사가 교회의 일반적인 사역 봉사자의 한 직분이지만, 가톨릭교회, 성공회, 정교회, 북유럽의 루터교에서는 사제(司祭)를 돕는 부제(副祭)라는 성직(聖職)을 의미한다. 동방 정교회에서는 'Deacon'을 보제(輔祭)라고 하지만 의미는 똑같이 '보조자'이다. 보조자(Deacon, 副祭, 輔祭)가 되기 위해서는 신학대학원 성직자 과정을 이수하고, 보조자 고시를 합격한 뒤 보조자 서품(敍品)을 받아야 한다. 물론 우리와 다른 교파의 법칙이지만, 그 뜻은 집사의 직분이 결코 가벼운 직분이 아니라는 것을 말한다. 물론 우리 개신교의 집사는 비록 안수를 통하여 세워지는 성직이기는 하지만 성직자는 아니고 일반적인 평신도 사역자이다.

개신교에서의 집사는 교단마다 약간의 차이가 있는데 대한예수교 장로회(통합)의 경우 목사나 장로, 권사와 같이 집사는 교회의 직원이 다(헌법 정치 제4장 22조). 장로가 교회 치리와 권징을 담당하는 직원이 라면, 권사는 교인들을 돌보기 위한 직원이고, 집사는 교회 재정이나 사역을 담당하기 위한 직원이다.

집사는 그 직임이나 의무와 권한이 동일하지만, 안수받은 항존직으 로서의 집사(안수집사)와 매년 임명받아 교회 사역과 봉사를 담당하는 집사(서리집사)로 구분한다. 또한 협동(명예)집사를 임명하여 사역 일부 를 담당하게 하기도 한다. 현행 장로교회의 집사는 아래와 같이 그 직 임을 구분할 수 있다.

항존직으로 안수하여 세우는 집사의 법적 공식명칭은 '집사'이나 서 리집사와 구분하기 위하여 흔히 '안수집사' 또는 '장립집사'라고 부르 기도 한다. 집사는 70세가 되는 연말까지 시무하는 교회의 직원(헌법 정치 제4장 22조)으로 교인들의 선택을 받고(공동의회에서 투표자의 과반수 의 찬성으로 선출) 당회(장)의 안수를 받아 임직하는 항존직이다. 항존직 은 하나님의 교회를 위하여 일생을 드리도록 부름 받은 직임을 뜻한다.

안수를 받는다는 것은 멍에를 메는 것과 같은 의미이다. 멍에는 "수레나 쟁기를 끌기 위하여 소나 말의 목에 얹는 구부러진 막대"(네이 버 국어사전 참조)를 말한다. 성경에서는 '멍에'를 노예가 되는 상태(신 28:48; 사 14:25)라는 의미로 사용하였고, 예수님도 "나의 멍에를 메고 내게 배우라"(마 11:29)고 하셨다. 멍에를 쓰면 자기 마음대로 할 수 없고 주인이 시키는 대로 해야만 한다. 이와 같이 안수를 받아 집사가 된다는 말은, 언어나 행동이 자기 뜻이 아니라 부르신 분의 뜻을 따라야 한다는 말이다. 그래서 집사는 계급이 아니고 지위도 아니고 신분이라고 할 수 있다. 교회의 직분은 직임과는 다르다. 직임은 권한을 의미한다. 그러나 직분은 권한이 아니라 의무이다.

여기서 용어에 대한 간단한 정리가 필요하다. 교회 직분 중 목사와 장로와 권사와 집사, 곧 안수하여 세우는 직분을 '항존직'이라고 하는데 항존직이라는 용어에 대하여는 다른 주장도 있다. '항존직'을 '사람'에 해당하는 것이 아니라 '직무'에 해당한다고 보는 견해이다. 즉, "사람이 항존"하는 것이 아니라 "직무를 '항존'시켜야 한다"는 주장이다. 그래서 항존직이라는 용어는 그 직분을 받은 사람이 70세 정년까지 직분이 유지(항존)된다는 뜻이 아니라 교회에서 그 직분이 항존해야 한다는 것을 말한다. 교회가 교회로서의 역할을 바로 잘하기 위해서는 이 직분이 지속적으로 유지되어야 한다는 의미이지, 직분을 받은 사람이 죽을 때까지 그 직임을 맡아야 한다는 의미의 항존이 아니라는 주장이다.

본서에서는 "사람의 항존성"이 아니라 "직분의 항존성"을 주장하는 위의 주장도 수용하면서, 본서에서 사용하는 "항존직"이라는 직분의 용어는 그 직분을 맡은 사람이 종신토록(정년 때까지) 시무한다는 의미로 사용함을 밝힌다. 그것이 교단 헌법 정신이고, 현재 한국교회가 일반적으로 받아들이고 사용하는 개념이기 때문이다. 그래서 본서에서는 안수받은 집사 직분(안수집사)의 항존직은 교단 헌법 제2편 정치 4장 21조와 22조의 법 정신을 따라서 "항존직"을 임시직과 대립되는 개념으로서의 종신직이라는 의미로 사용함을 밝힌다.

그다음 항존직이 아닌 임시적으로서의 서리집사가 있다. 서리집사 역시 직임은 안수받은 집사와 동일하지만 교인 전체로 구성된 공동의회에서 투표자의 과반수의 득표로 선출되어 안수를 받는 집사(안수집사)와 다르게 당회의 결의로 당회(장)의 임명을 받아 1년간 봉사하도록 임명되는 임시직이다. 집사(안수)와 구분해서 서리집사(임시집사)라고 명명하며 매년 임명을 받아 시무하는 집사이다. 만 70세가 될 때까지 연임이 가능하지만 매년 임명을 받아야 한다. 안수받은 집사의 수적 부족을 보완하고 다양한 교회 사역을 위한 봉사자를 필요로 함으로 임시로 집사직을 임명하여 사역을 하도록 하는 집사이다.

의무와 권한 역시 안수받은 집사와 동일하고, 한 번 서리집사로 임명되면 중간에 탈락하는 경우는 거의 없어서 서리집사 역시 70세까지는 계속 연임될 가능성이 크다. 안수받은 집사와의 차이는 항존직이 아니라 임시직으로, 공동의회가 아니라 당회의 결정으로, 안수가 아니라 임명으로 시무하게 하는 것이 다를 뿐이다. 교인들의 선택이 아니라 당회가 임명하고 안수를 받지 않는다는 것 외에는 안수받은 집사와의 차이가 없다. 또 서리집사의 경우 남녀의 구별 없이 임명된다.

그리고 교회에는 필요를 따라 협동(명예)집사를 임명하기도 한다. 이

협동(명예)집사는 시무를 목적으로 하기보다는 명예를 보존하기 위한 목적으로 당회의 결의로 세례교인 중에서 임명되는 집사이다. 집사와 직무를 협력하게 할 수 있고, 정년까지 서리집사에 준하여 제직회원의 권리를 행사할 수 있다(헌법시행규정 제2장 정치 26조 11항).

여기서 중요한 것은 교회에는 여러 직분이 있고 위에서 설명한 것처럼 항존직도 있고 임시직도 있다. 그러나 교회 직분은 권한과 직무가 다를 뿐 품위와 명예에 있어서의 차이를 말하는 것은 아니다. 그것은 직분의 서열을 의미하지도 않고, 특히 신분의 차이를 말하지도 않는다. 모두가 다 같이 그리스도의 교회를 함께 세워가는 가족이요 동역자들이다. 교회에서의 가장 자랑스러운 명예는 하나님의 교회의 가족이며, 특히 '성도'가 되었다는 것이다.

2
집사의 자격

예수는 아무나 누구든 믿을 수 있고 또 누구나 다 믿어야 한다. 믿고 구원받아 하나님의 자녀가 되는 것에는 인간적인 아무 자격도, 제한도 없다. 구원은 믿음으로 말미암아 주어지는 은혜이지 인간의 어떤 노력이나 인간적인 어떤 자격이나 공로로 주어지는 것이 아니다. 오직 예수님의 십자가의 보혈의 공로로 구원에 이른다. 그래서 온 인류에게 주신 복음이다.

그러나 교회 직원이 되는 것은 다르다. 교회의 선택을 받아 교회를 섬기는 교회 직원이 되기 위해서는 엄격한 자격이 필요하다. 아무나 지도자가 될 수 없기 때문이다. 교회 지도자인 집사가 되기 위해서는 먼저 온전한 믿음의 사람이 되어야 하고, 교회 공동체에서 지도력을 발휘하기 위한 교회법적 자격이 필요하다. 교회는 거룩한 공동체를 유지하기 위하여 지켜야 할 규칙과 법이 있고, 집사의 자격 역시 법으로 규정하고 있다.

교회는 예수님의 몸 된 거룩한 공동체이기 때문에 여러 조건을 고려하여 자격 있는 사람을 신중하게 집사로 세워야 한다. 성경은 "먼저 시험하여 보고 그 후에 책망할 것이 없으면 집사의 직분을 맡게 할 것이요"(딤전 3:10)라고 교훈한다. 집사를 바로 세우는 것이 교회를 바로 세우는 것이기 때문이다.

1) 성경이 말하는 집사의 신앙적 자격

집사는 교회 직원이며 교회 지도자이므로 집사 역시 신앙적 자격이 요구된다. 안수집사뿐 아니라 서리집사나 협동집사의 경우에도 교회 직원 됨이나 교회의 직임에서나 안수집사와 같은 직분자로서의 신앙적 자격이 요구된다. 직분 수행 능력보다 더 중요한 것이 신앙적인 자격이다. 교회 섬김과 봉사는 믿음을 전제로 하며 신실한 믿음의 사람이어야 직임 역시 신실하게 감당할 수 있기 때문이다. 교회 봉사는 믿음으로 하는 봉사이다. 예수님께서는 "좋은 나무마다 아름다운 열매를 맺고 못된 나무가 나쁜 열매를 맺나니"(마 7:17)라고 가르쳐 주셨다.

성경은 여러 곳에서 집사의 자격에 대하여 교훈하고 있다. 초대교회에서 첫 일곱 집사를 선택할 때에도 그렇고, 목회서신에서 사도들이 당부한 집사에 대한 교훈도 그렇다. 집사는 누구나 될 수는 있지만 집사직을 아무나 감당할 수 있는 것은 아니다. 신앙적인 자격이 전제되어야 한다는 말이다. 성경에서 말씀하신 집사의 자격은 집사의 기원이라고 할 수 있는 초대교회의 집사 선택과 임직 기록에서 찾을 수 있다.

"형제들아 너희 가운데서 성령과 지혜가 충만하여 칭찬받는 사람 일곱을 택하라 우리가 이 일을 그들에게 맡기고 우리는 오로지 기도하는 일과 말씀 사역에 힘쓰리라 하니 온 무리가 이 말을 기뻐하여 믿음과 성령이 충만한 사람 스데반과 또 빌립과 브로고로와 니가노르와 디몬과 바메나와 유대교에 입교했던 안디옥 사람 니골라를 택하여 사도들 앞에 세우니 사도들이 기도하고 그들에게 안수하니라"(행 6:3-6)

곧 초대교회에서 처음 집사를 선택한 자격기준은 "성령과 지혜가 충만하여 칭찬받는 사람"이며 "믿음이 충만한 사람"이었다. 이 기준에 부합한 사람 7명을 택하여 사도들이 안수하여 집사로 세웠다. 그렇게 세워진 집사들로 인하여 "하나님의 말씀이 점점 왕성하여 예루살렘에 있는 제자의 수가 더 심히 많아지고 허다한 제사장의 무리도 이 도에 복종"(행 6:7)하는 놀라운 일이 일어났다.

초대교회의 집사 자격기준은 오늘날의 교회에서도 집사 선택의 중요한 자격기준이 되어야 한다. 물론 신앙적 자격기준은 수치로 계량할 수 있는 것이 아니기 때문에 객관적인 평가는 불가능하지만 적어도 집사가 되려는 사람은 반드시 이런 신앙적 준비를 해야 한다.

집사의 첫 번째 신앙적 자격은 '성령 충만'이다. 집사는 성령 충만한 사람이어야 한다. 실제로 거룩한 교회를 섬기는 집사직은 인간적인 수단이나 노력으로 할 수 있는 일이 아니라 영적 능력, 성령님께서 주시는 힘으로 성령님의 인도를 따라서 성령님의 방법으로 수행해야 하는 영적 봉사이다. 집사가 성직자는 아니어도 집사가 하는 모든 일은 다 성직이라고 할 수 있기 때문에 가장 우선적인 것이 성령 충만한 사람이어야 한다. 성령 충만이란 무슨 방언이나 예언 등 특별한 영적 능력을 소유한 사람이라는 말이 아니다. 그것은 성령의 은사를 말하는 것이고, 성령 충만이라는 것은 "생명의 성령의 법"에 따라 살아가는 삶을 의미한다. 그의 삶이 영적 능력의 지배를 받는 사람을 의미한다. 사도 바울이 말한 사고방식이나 언어 행동이 죄와 사망의 메카니즘에 지배받지 않고 "생명의 성령의 법"에 지배를 받는 사람을 말한다(롬 8:1-2).

한국교회가 거룩성을 상실하고 문제의 소용돌이 속에서 부끄러운 일에 노출되는 이유는 교회 일을 거룩한 성령의 능력과 인도가 아니라 인간적인 열심과 자신의 세상 경험, 자기 소견으로 하려고 하기 때문이다. 성령 충만이 없으니 자신의 능력이나 인간적 경험을 동원할 수밖에 없고, 거룩한 일을 세속적 가치나 능력으로 하려니 문제가 생길 수밖에 없다. 따라서 오늘 한국교회의 집사 선택에 있어서도 성령 충만한 사람이라는 자격기준이 우선적으로 적용되어야 하고, 서리집사나 협동집사 임명의 경우에도 그의 사회적 지위나 활동보다는 영적인 측면, 곧 성령 충만 여부를 확인하는 것이 중요하다. 거룩한 일은 거룩한 사람들을 통하여 거룩한 목적과 거룩한 방법으로 수행되어야 한다. 여기서 유의할 것은 "성령 충만"이란 단지 그에게 주어진 어떤 능력의 충만함만이 아니라 거룩한 일을 할 수 있는 주님의 성품으로 채워진다는 것, 곧 그의 생각이나 언어나 삶이 성령의 지배 아래 있어야 함을 기억해야 한다. 그의 언어, 행동의 동인(動因)이 성령의 역사 안에 있음을 의미한다. 성령 충만은 단순히 어떤 기능이나 능력만이 아니라 그리스도의 성품으로 충만함을 의미한다.

그 다음으로 고려한 것이 바로 "지혜가 충만한 사람"(행 6:3)이었다. 집사는 지혜가 충만한 사람이어야 한다. 모든 일에서 그렇지만 유능한 봉사와 섬김은 '지식'보다는 '지혜'에 있다. 열심이 있고 부지런하고 충성스러워도 지혜가 없으면 덕을 세울 수 없고 도리어 문제를 일으킬 위험이 있다. 집사는 성령 충만으로 지혜롭게 일을 감당해야 함으로 지혜는 집사의 중요한 덕목이고 자격이라고 할 수 있다.

여기서 말하는 지혜는 일을 가장 효과적으로 잘할 수 있고 또 어려운 일이나 문제를 해결할 수 있는 능력이기도 하지만, 정말 중요한 지혜란 단순히 일을 잘할 수 있는 능력, 남보다 더 빠른 판단력이나 '꾀'가 많다는 정도의 의미가 아니다. 특히 이 지혜는 세상적인 수단을 말하지 않는다. 이 지혜는 하나님으로부터 오는 영적 지혜를 의미하므로 성령 충만으로 주어지는 은사이기도 하다. 야고보 사도가 말한 것처럼 이 지혜는 위로부터 난 지혜를 말한다. 곧 성결하고 화평하고 관용하고 양순하며 긍휼과 선한 열매가 가득하고 편벽과 거짓이 없는 지혜(약 3:17)를 말한다.

사도 바울은 고린도 교회에 보낸 편지인 고린도전서 1장 26~31절에서 잘 말씀해 주고 있다. 하나님은 하나님의 지혜를 따라 일하도록 역사를 만들어 가신다고 하셨다. 그래서 세상에는 지혜로운 사람, 능력 있는 사람, 학벌 좋은 사람이 많이 있지만 하나님께서는 그런 사람을 통하여 일하지 않으시고 도리어 "세상의 미련한 것들을 택하사 지혜 있는 자들을 부끄럽게 하려 하시고 세상의 약한 것들을 택하사 강한 것들을 부끄럽게 하려 하시며"(고전 1:27)라고 하셨다. 하나님의 일은 하나님이 주시는 지혜로 할 수 있어야 하기 때문이다.

더욱 중요한 지혜는 하나님의 뜻을 알고 그 뜻을 따를 수 있는 지혜이다. 지혜의 사람 솔로몬은 하나님께 "선악을 분별할 수 있는 지혜"를 구했고(왕상 3:9), 하나님께서는 그 기도를 들으시고 그에게 "지혜롭고 총명한 마음"을 주셨다(왕상 3:12). 참 지혜는 단순히 일을 처리하는 능력이 아니라 "선악을 분별할 수 있는 총명한 마음"임을 알 수 있다. "선악을 분별할 수 있는 '머리'가 아니라 선악을 분별할 수 있는 '마음'이다." 곧 제일 큰 지혜는 "하나님의 마음을 아는 지혜"이다. 교회는 세상적인 지혜로 일하는 공동체가 아니다. 하나님께서는 세상 지혜로 일하시지 않기 때문이다. 중요한 것은 하나님의 마음, 곧 하나님의 뜻을 바로 아는 것이 가장 큰 지혜이다. 지혜의 근본은 하나님을 경외하는 것이며, 그 뜻을 알고 순종하는 것이다(시 111:10, 112:1; 잠 1:7, 9:10). 그래서 먼저 성령 충만해야 하고 성령의 충만을 통하여 하나님의 마음을 알고 그 뜻을 알아 하나님의 뜻을 따르는 것이 가장 큰 지혜이다. 집사는 여호와를 경외함으로 얻어지는 지혜, 하나님의 마음을 아는 지혜로 섬기는 믿음의 사람이어야 한다.

세 번째로 "칭찬받는 사람"(행 6:3)을 뽑아서 집사로 세웠다. 집사는 칭찬받는 사람이어야 한다. 칭찬받는 사람이 되기 위해서는 성령과 지혜가 충만해야 한다(행 6:3). 여기서 칭찬은 하나님은 물론 사람들에게도 인정을 받을 수 있는 사람이어야 한다는 뜻이기도 하다. 사람으로부터 칭찬을 받는다는 것은 믿음의 실천자라는 의미이기도 하다.

가장 중요한 은사는 덕을 끼칠 수 있는 은사이다. 사람들을 이끌어가는 지도자이기 때문에 사람들의 인정을 받아야 하고, 교회의 지도자이기 때문에 교인들의 인정을 받아야 한다. 집사가 되려면 교인 전체회의인 공동의회에서 과반수의 지지를 받아야 선임될 수 있고, 또 당회 아래에서 3개월 이상의 훈련을 받아야 하는 규정은 바로 칭찬받을 만한 지도자의 자격을 함양하기 위함이다. 세상의 다른 공동체들은 권리와 힘으로 지도력을 발휘하지만, 교회는 오직 존경을 받고 인정을 받는 신뢰를 통해서 지도력이 발휘될 수 있다. 집사의 말이나 행동, 의무나 책임에 있어서 성도들이 인정하고 믿고 순종해야 지도력이 발휘될 수 있기 때문이다. 성도들을 지도할 수 있는 유일한 힘이 존경받고 신뢰를 받는 것이다. 그래서 칭찬은 집사의 자격인 동시에 능력이고 그렇게 되기 위한 조건인 동시에 직무 수행을 위한 힘이기도 하다.

네 번째로 믿음이 충만한 사람(행 6:5)을 택하여 사도들이 안수하여 세웠다. 집사는 믿음의 사람이어야 한다. 믿음의 비밀을 가진 사람이어야 한다(딤전 3:9). 집사들은 먼저 깨끗한 양심에 믿음의 비밀을 가진 자라야 한다. 믿음의 비밀이란 예수님께서 보여주시고 가르쳐 주신 믿음 전부를 굳게 믿고 복음의 비밀을 깨닫고, 그 믿음 위에 자신의 삶을 세운 신앙 인격의 소유자이어야 한다. 집사는 신앙적 가치를 가장 귀히 여기고 그 신앙적 가치를 따라 사는 사람이어야 한다.

믿음이 충만해야 온전한 집사가 될 수 있다. 교회 섬김이나 교회 봉사는 믿음으로 하는 것이고, 집사는 믿음으로 일하는 사람이다. 봉사만이 아니라 삶 자체가 믿음으로 사는 삶이어야 한다. 자기 신앙뿐 아니라 성도들을 돌보고 이끌어야 하는 집사의 사역이나 삶이야말로 믿음으로 해야 한다. 믿음으로 하지 않으면 안 되기 때문에 성경은 "믿음을 따라 하지 아니하는 것은 다 죄니라"(롬 14:23)고 하셨다. 하나님을 향해서도, 교회 봉사에 있어서도, 자신의 개인적 삶에 있어서도 집사의 생각이나 행동이나 말은 다 믿음으로 해야 한다.

특히 교회 사역을 위한 중요한 결정은 사회과학적 방법이나 논리적 합리성, 그리고 환경이나 여건을 따라 결정하고 수행해야 하지만, 그보다 더욱 중요한 것은 이 모든 것의 기반을 믿음에 두어야 한다는 것이다. 많은 경우 교회 사역이 해야 할 당위성을 따라 믿음으로 하기보다는 여건이나 환경에 좌우되기 쉬우나 교회 사역은 믿음으로 계산하고 믿음으로 이루어야 한다. 믿음이 없이는 하나님을 기쁘시게 할 수 없다(히 11:6). 그래서 교회 사역은 믿음의 크기만큼 하게 된다.

집사의 제도가 교회에 정착하면서 사도들은 집사의 자격에 대하여 목회서신에서 정확한 자격기준을 공식적으로 정하고 있음을 본다. 교회가 부흥하고 예루살렘과 사마리아와 땅 끝까지 복음이 증거되며 교회들이 세워짐으로 사도들은 교회를 섬길 집사를 세웠고, 집사들을 바로 세움으로 교회를 온전하게 할 수 있기에 집사의 자격에 대하여도 구체적으로 가르쳐 주었다. 특히 목회서신인 디모데전서 3장에서는 집사의 자격에 대하여 아래와 같이 규정하고 있다.

"이와 같이 집사들도 정중하고 일구이언을 하지 아니하고 술에 인박히지 아니하고 더러운 이를 탐하지 아니하고 깨끗한 양심에 믿음의 비밀을 가진 자라야 할지니"(8-9절)

"집사들은 한 아내의 남편이 되어 자녀와 자기 집을 잘 다스리는 자일지니"(12절)

이 자격을 확실히 하기 위하여 엄격히 적용할 것을 가르치고 있다.

"이 사람들을 먼저 시험하여 보고 그 후에 책망할 것이 없으면 집사의 직분을 맡게 할 것이요"(10절)

여자 집사일 경우에는 다음과 같이 강조한다.

"정숙하고 모함하지 아니하며 절제하며 모든 일에 충성된 자라야 할지니라"(11절)

그리고 집사 직분이 중요하고 아름다운 지위이며 믿음의 큰 유익을 얻는다고 덧붙인다(13절). 이 말씀에 근거하여 볼 때 집사의 자격을 다음과 같이 정리할 수 있다.

먼저, 집사는 "정중하고 일구이언(一口二言)을 하지 않는 사람"이어야 한다. 곧 언행이 정중하여야 한다(딤전 3:8). 언행이 가벼워 경망스럽지 않아야 한다는 말이다. '말'만이 아니라 '행동'의 정중함을 전제한다. "엄숙하고 품위 있는 모습", "신중한 행동", 곧 "자기 통제에 엄격하고 규모 있게 행함"을 말하는 것으로, 흔히들 말하는 '점잖음'이라고 할 수 있다. 그래서 개역한글에서는 "정중하고"를 "단정하고"라고 번역하고 있는데 같은 의미이지만 '외모'만이 아니라 '내적 삶'의 단정함을 의미한다. 곧 그의 '삶'이 정돈되고 질서 있는 삶, 신앙적인 삶이어야 한다는 의미이다.

'말' 역시 정중해야 하고 무슨 일이든 경솔하지 않고 모든 일에 진지하고 진정성이 있어야 한다. 교회에서 지도력을 발휘하기 위해서는 그의 언행이 신뢰를 얻어야 한다. 모든 일에 가볍지 않은 신중함과 정중함을 가져야 하고, 특히 말을 신중하게 해야 하며 말의 실수가 없어야 한다. 일구이언하지 않는 말의 일관성이 있어야 하고, 자신의 말에 대하여 책임을 질 수 있어야 한다. 무책임한 언어나 행동, 필요나 상황에 따라 말이 바뀌거나 말을 뒤집는 일구이언을 하지 않아야 한다.

교회 섬김은 상당 부분 말로 이루어지고 전달된다. 그래서 다윗은 "여호와여 내 입에 파수꾼을 세우시고 내 입술의 문을 지키소서"(시 141:3)라고 기도했다. 삶도 덕스러워야 하지만 그의 언어 역시 진중함이 필요하다. 곧 그의 신앙적인 언행이 진실해야 하고 인격을 인정받아야 한다.

두 번째로 "술에 인박히지 않아야"(딤전 3:8) 한다. 인박힌다는 말은 "사로잡히다, 탐닉하다, 중독되어 있다"는 말이다. 다행스럽게도 한국교회 성도들의 신앙의 표증이 바로 주초(酒草)를 금하는 것이다. 술이나 담배에 인박히지 않아야 할 뿐 아니라 금하도록 되어 있다. 그것은 집사만이 아니라 신실한 기독교인이 되면 당연히 주초를 금하게 되고, 따라서 술에 인박힐 염려로부터는 자유로울 수 있다. 성경에서도 술 취함을 엄격히 금하고 있다. 잠언 23장 20절이나 고린도전서 5장 11절에서는 술을 즐기는 자들과는 "사귀지도 말라"고 했고, 하박국 2장 15절에서는 이웃에게 술을 마시게 하고 취하게 하는 자에게 "화가 있으리라"고 했다. 왕들이나 주권자들이 술을 마시는 것도 마땅하지 않다(잠 31:4)고 한다. 그래서 술은 보지도 말라(잠 23:31)고 경고하고 있다.

물론 이는 단순히 술에 중독되지 말라는 의미보다는 삶이 거룩하고 구별된 사람이어야 한다는 의미일 것이다. 술 자체의 악함보다는 스스로의 언행, 곧 삶을 통제하고 절제할 수 있어야 집사의 자격이 있다는 의미일 것이다. 술뿐 아니라 세상의 어떤 것에도 취하거나 발목 잡혀서는 안 되고, 세상의 유혹으로부터 자유할 수 있을 때 온전한 교회 지도자로서 지도력을 발휘하고 거룩한 교회를 섬기며 교회를 거룩하게 지킬 수 있을 것이다.

세 번째로 "더러운 이를 탐하지 않아야 한다"(딤전 3:8). 여기서 말하는 더러운 이(利)란 "부끄러운 이(利)"라는 의미이다. 당당하지 못한 이(利)를 취하지 말라는 말이다. 이스라엘이 하나님께서 주신 '아이성'을 점령하는 데 실패한 근본 원인이 바로 '아간'이 취한 "더러운 이"(수 7:21) 때문이었다. 나아만 장군으로부터 "부끄러운 이"를 취한 엘리사의 종 '게하시'의 죽음은 다 "더러운 이"를 탐했기 때문이다.

집사는 이(利)를 버리고 의(義)를 따르는 사람이어야 한다. 사람이 극복하기 가장 어려운 것이 아마 이기적 욕망일 것이다. 집사직조차도 자신의 사회나 교회적 위상이나 교권에 대한 관심의 발로(부끄러운 이)로 집사직을 원할 수도 있을 것이다. 아마 가장 극복하기 어려운 것이 이 '이(利)'일지도 모른다. 그러므로 교회 지도자로 교회를 섬길 집사는 자기 이, 더러운 이를 탐하지 말고 이기적 욕심을 극복하고, 나보다 남을 낮게 여기고, 자기의 유익을 구하지 말고 남의 유익을 구할 수 있어야 한다(고전 10:24). 집사의 사역 중 중요 사역이 재정과 관련되어 있다. 그래서 강조될 것이 바로 돈에 대하여 깨끗해야 한다는 것이다. 이는 교회 재정만이 아니라 사회생활에서도 돈에 깨끗해야 한다. 이웃과의 돈 거래에 깨끗해야 하고 분명해야 한다. 많은 경우 불신자들이 교회 제직들과의 금전 거래에서 실망하여 교회와 교인들을 불신하고 비난하기도 한다.

지도자는 자신만이 아니라 남의 유익을 지켜주고 돌보고 이끌어 가야 하며, 특히 삶의 모범을 통하여 함께 추구할 가치를 보여주어야 한다. 지도자는 단순히 복종만 하는 노예가 아니라 무슨 일이든 창조적인 생각으로 구성원들을 유익하게 하고 바르게 하고 최고의 선을 이루어 나가야 하는 사람이기 때문이다. 교회를 섬기도록 부름 받아 봉사자로 세워지는 지도자인 집사는 더욱더 그렇다. 그래서 사도는 집사의 자격으로 교회를 섬기는 집사는 "더러운 이를 탐하지 않아야 한다"고 가르쳤다.

네 번째로 집사는 "한 아내의 남편이 되어 자녀와 자기 집(가정)을 잘 다스리는 자"(딤전3:12)이어야 한다. 집사로 교회를 섬기기 위해서는 먼저 자신의 가정을 건강하게 세울 수 있는 사람이어야 한다. "수신제가 치국평천하(修身齊家 治國平天下)"라는 말처럼 먼저 자신을 바로 세우고, 가정을 바로 세워야 나라를 바로 세울 수 있다는 말이다. 자신의 가정도 잘 다스리지 못하면서 교회를 바로 섬길 수 없다. 성경은 "사람이 자기 집을 다스릴 줄 알지 못하면 어찌 하나님의 교회를 돌보리요"(딤전3:5)라고 경고한다. 가정생활에 책망받을 일이 없어야 한다는 말이다. 구체적으로 성경은 "집사들은 한 아내의 남편이 되어 자녀와 자기 집을 잘 다스리는 자일지니"(딤전3:12)라고 말씀한다. 이단이나 반사회적 종교 이외에 어느 시대에서도 일부다처를 장려하지 않지만 어떤 문화나 사회에서도 교회 지도자는 "한 아내의 남편"이어야 한다. 또 자녀들을 비롯한 온 가족들을 신앙으로 잘 세우고 가정을 평화롭게 세워나가는 사람이어야 교회도 잘 섬길 수 있다. 자기 가정도 바로 세우지 못하면서 남의 신앙이나 교회를 세우는 일을 잘 감당하기는 불가능하기 때문이다.

여자 집사일 경우 "정숙하며"(딤전 3:11)라고 강조한 것도 같은 의미이다. 정숙한 가정생활이 집사 자격의 우선적 조건이다. 비록 자녀들이 부모 마음대로 되지 않지만 부모가 신앙적인 본을 보임으로 자녀들을 바로 세울 수 있고 가정을 건강하게 이끌 수 있다. 그래서 가정을 잘 다스리는 것이 교회를 잘 다스리는 자격요건이 된다.

마지막으로 집사는 "깨끗한 양심에 믿음의 비밀을 가진 자"(딤전 3:9)여야 한다. 삶이 깨끗하고 온전한 믿음의 소유자라야 한다. 요즘 한국교회가 집사직을 너무 가볍게 생각하여 집사는 아무나 하는 것으로 착각하고, 간혹 복음을 잘 알지도 못하고 믿지도 못하고 또 신앙생활도 성실히 하지 못하는 사람을 사회적 지위나 학벌 등 인간적 위상만 보고 집사로 임명하는 경우가 있다. 그러나 집사는 교회의 직원이며 거룩한 교회를 섬기는 귀중한 직임이므로 깨끗한 신앙양심과 믿음의 비밀을 가진 자를 집사로 세워야 한다.

하나님을 거역함으로 화인 맞은 인간 양심은 오직 예수 그리스도의 십자가의 보혈로 정결하게 될 수 있다(히 10:22). 그러므로 더러워진 인간 양심의 회복은 온전한 믿음에 있다. 깨끗한 양심을 소유한다는 말은 온전한 믿음의 사람이 된다는 말이며, 구원받아 거듭난 그리스도인이 되었다는 말이다. 더 이상 세상의 허영이나 유혹에 현혹되지 않고, 특히 인본주의적 세상 가치에 현혹되지 않는 든든한 믿음을 소유한 사람이라고 할 수 있다.

그런 의미에서 "깨끗한 양심의 소유자"는 곧 "믿음의 비밀을 가진 자"라고 할 수 있다. "믿음의 비밀"이란 "복음 진리로 인한 구원의 확신"을 의미하는데, 이는 지적인 깨달음만이 아니라 흔들릴 수 없는 신앙의 체험을 가진 인격적 변화를 가진 사람이라는 의미이다. '비밀'은 감추어 있는 사실을 말한다. 공개되거나 알려지지 않았던 진리를 말하는데, 이는 곧 "예수 그리스도의 십자가 대속의 은총으로 구원받아 복음의 능력을 체험하고 하나님의 자녀가 되는 영적 진리"를 말한다. 이는 믿음을 통해서만 알고 얻을 수 있기 때문에 "믿음의 비밀"이라고 말한다. 이런 믿음의 비밀을 가진 사람이어야 어떤 박해나 시련 속에서도 흔들리지 않는 교회 지도자로 교회를 바로 섬길 수 있다. 그래서 "깨끗한 양심에 믿음의 비밀"을 소유하는 것은 집사의 필수 자격사항이다.

또 성경은 교회 지도자인 집사에 대한 자격기준을 가르치면서 여집사의 자격기준에 대하여 별도의 규정으로 명하고 있다(딤전 3:11).

현재 한국 장로교회에서는 여자집사(안수) 제도가 없으나 성경에서 여자집사의 자격을 정한 것으로 미루어 보아 초대교회 당시에는 여자집사가 있었음을 알 수 있다.

디모데전서 3장 11절에서는 "여자들도 이와 같이 정숙하고 모함하지 아니하며 절제하며 모든 일에 충성된 자라야 할지니라"고 말씀하고 있다. 그래서 여자집사도 남자집사와 같은 신앙적 조건을 구비해야 하지만, 거기 더하여서 "정숙하고 모함하지 아니하며 절제하며 모든 일에 충성된 자라야 할지니라"고 부언하고 있다.

공동체 안에서 당당하게 지도력을 발휘하기 위해서는 영적, 도덕적, 윤리적, 법적으로 당당해야 한다. 여자의 경우 중요한 덕목이 바로 '정숙'함이다. 곧 행실이 단정해야 한다는 말이다. 언행이 존경받을 만해야 한다는 의미이다. 교회에서의 지도력은 어떤 강제적 힘이 아니라 존경과 신뢰에서 나오고, 여성에 대한 존경과 신뢰는 여성의 단정함, 정숙함에서 나온다. 자신의 정숙함으로 모범을 보임으로 거룩한 영향력을 가지게 되고, 효과적인 봉사를 할 수 있게 된다. 그리고 여성다운 품위나 마음가짐만이 아니라 나타나는 외적 삶의 태도 역시 단정해야 한다.

그리고 "모함하지 아니하고"라고 규정한다. 이는 말의 실수, 말로 남을 해치거나 남에게 상처를 주는 실수를 하지 않아야 한다는 말이다. 위에서 언급한 대로 남자집사들에게 "일구이언"하지 말라고 했는데, 여자집사들에게는 더 강력한 용어를 써서 "모함하지 아니하고"라는 용어를 쓰면서 주의를 준 것을 보면 여자들이 쉽게 빠질 수 있는 말의 실수를 엄히 경계하고 있음을 뜻한다. 잠언에서 "두루 다니며 한담하는 자는 남의 비밀을 누설하나니 입술을 벌린 자를 사귀지 말지니라"(잠 20:19) 하는 경고는 쓸데없는 말을 하지 않아야 말의 실수를 하지 않음을 교훈하며 말조심에 대한 강력한 경고이다.

특히 여자집사의 지도력은 정직과 친절, 격려와 칭찬으로 발휘되어야 한다. 모함이라는 말의 사전적 의미는 "나쁜 꾀로 남을 어려운 처지에 빠지게 하다"인데, 집사는 그 말로써 남에게 덕을 끼치고 남을 격려하고 세워 주어야 할 책임이 있기 때문에 덕스러운 언어 사용이 중요하다. 어떤 경우에도 남의 마음이나 인격을 손상시키는 언어나 남의 믿음에 해를 끼치는 말은 절대로 용납될 수 없다. 성경은 "말에 실수가 없는 자라면 곧 온전한 사람이라"(약 3:2)고 말씀한다.

또한 "절제하는 사람"이어야 한다고 규정한다. 절제란 자기 통제 능력을 의미한다. 이는 영적 능력이라고 할 수 있다. 사람들은 너무나 쉽게 자기 욕심이나 감정에 의하여 지배되기 쉽지만 영적으로 성숙된 사람의 경우 자기 통제가 가능하게 된다. 과유불급(過猶不及)이라는 말이 있듯이 어떤 것도 지나치면 부족한 것만 못하다. 따라서 지도자는 자기 통제 능력이 있어야 한다. 소극적인 의미에서는 물론 적극적인 의미에서도 그렇다. 봉사도, 섬김도 성령의 통제 아래 있어야 한다. 이는 또한 자기 분수를 잘 알고 인정할 수 있어야 한다는 의미이기도 하다. 따라서 아무리 좋은 일도, 비록 교회를 위한 일조차도 지나치면 안 된다. 자기 분수껏 해야 하며, 봉사도 독점하면 안 된다. 자기 통제 능력은 자신의 영적 능력, 신앙적 능력이라고 할 수 있다.

특히 여자집사인 경우 '절제'를 부언한 것은 중요한 이유가 있다. 자신을 통제할 수 있을 때 다른 사람의 마음도 통제하고 이끌어 갈 수 있기 때문이다. 개인적인 삶에서도 절제는 필요하다. 요즘은 지나칠 정도의 TV 시청이나 취미활동, 운동, 그리고 한담이나 옷차림이나 무슨 일이든지 절제를 잃어버리면 지도자가 될 수 없다.

마지막으로 "충성된 자"라야 한다. 기본적으로 맡은 자들에게 필요한 것이 충성(고전 4:2)이기에 교회 지도자인 집사로 부름 받은 사람들에게 필요한 것은 바로 충성이다. 충성은 시종이 여일(如一)하게 자신이 맡은 일에 최선을 다하는 것이다. 하나님을 섬길 때 마음과 뜻과 힘과 정성을 "다하라"(마 22:37)고 하셨다. 곧 충성하라는 말씀이다. 하나님은 충성된 자를 찾으시고 작은 것에 충성한 사람에게 큰 것을 맡기신다(마 25:21). 바울은 자신이 사도가 될 수 있었음은 바로 하나님께서 자신을 충성되이 여기셨기 때문이라고 고백한다(딤전 1:12). 그리고 마지막 때에 충성된 자에게 생명의 면류관을 주신다고 하셨다(계 2:10). 충성은 물론 집사에게만 요구되는 조건이 아니라 모든 직분자, 모든 성도에게도 요구하시는 신앙인의 품성이다. 그래서 집사의 중요한 자격이 바로 충성심이다.

위와 같이 성경이 요구하는 집사, 곧 교회 지도자의 신앙적인 자격은 참으로 엄격하고 높은 수준의 고귀한 품성을 필요로 한다. 모두가 이런 자격을 소유함으로써 임명되거나 선택되어 안수받고 항존직이 된 것은 아니기에 다 완전할 수는 없지만, 집사는 스스로를 바로 잘 세워서 부끄러울 것이 없는 일꾼으로 인정된 자로 자신을 하나님 앞에 드리기를 힘써야 할 것이다(딤후 2:15).

2) 집사의 교회법적 자격

집사에 대한 교단 헌법(예장 통합)은 집사를 장로와 권사와 같이 안수하여 장립하는 항존직과, 시무기간 1년으로 하는(연임 가능) 임시직으로서의 서리집사로 집사를 두 종류로 구분한다. 안수받은 항존직으로서의 안수집사와 1년 임기의 임시직인 서리집사나 그 직무는 동일하다. 다만 선택하여 세우는 과정의 차이가 있다. 안수집사는 공동의회에서 성도들이 선택하고 당회 아래 3개월 이상 직무에 대한 교육을 받고 시취하여 당회(장)가 항존직으로 안수하여 세우고, 임시직인 서리집사는 당회가 선택하여 임명하여 세운다. 또한 안수집사는 임기가 70세가 되는 연말까지 시무하는 종신직이지만(헌법 제2편 정치 제4장 22조), 임시직인 서리집사는 매년 임명을 받아서 집사직을 1년 동안 감당하게 된다. 서리집사의 경우에도 70세까지는 매년 연임이 가능하다. 집사는 제직회원이 되며, 교회를 봉사하고 헌금을 수납하며 구제에 관한 일을 담당하도록 되어 있다(헌법 제2편 정치 제8장 50조).

집사의 자격은 헌법 제2편 정치 제4장 51조에서 아래와 같이 명시하고 있다. 이는 안수를 받아 항존직으로 임직할 집사에 대한 자격규정이다.

집사는 단정하고 일구이언을 하지 아니하며 깨끗한 양심에 믿음의 비밀을 가진 자로서(딤전 3:8-10) 다음의 사항에 해당하는 자라야 한다.

1. 무흠 세례교인(입교인)으로 5년을 경과한 자

2. 35세 이상 된 남자

집사의 신앙적인 자격은 위에서 설명한 것처럼 사도들의 원칙을 따르고 있다. 다만 법적인 조건은 두 가지를 규정한다.

집사의 자격은 "무흠 세례교인(입교인)으로 5년을 경과한 자"여야 한다. 안수집사가 되기 위해서는 세례 받고 5년 이상 무흠한 사람이어야 한다는 말이다. 여기서 무흠이란 시무정지 이상의 책벌을 받은 사실이 없거나, 국법에 의하여 금고 이상의 처벌(성범죄 포함)받은 사실이 없는 것을 말한다(헌법 정치 제5장 26조 2항, 단 양심범은 제외). 권징에 의하여 책벌을 받은 경우라도 징계기간이 만료된 후 5년을 경과했다면 자격이 인정된다. 그러므로 세례 받은 뒤 징계받은 일이 없거나 징계를 받은 경우라도 징계기간 만료 후 5년이 경과되면 집사가 될 법적 자격이 인정된다.

무흠 입교인 규정은 범법자가 교회 집사가 될 수 없다는 취지이다. 물론 5년 이상 무흠 입교인이어도 공동의회에서 투표자의 과반수 지지를 받아야 안수를 통하여 임직이 된다.

또 집사는 연령이 35세 이상 된 자여야 한다. 집사가 되려면 세례를 받고 5년 이상 흠 없이(무흠) 교인의 의무를 성실히 이행할 뿐 아니라 연령 역시 35세 이상이 되어야 한다. 이는 충분한 신앙 경험과 안정된 생활이나 정서적 기복이 없이 교회를 섬길 수 있는 연륜을 요구

한다는 의미이다.

그리고 집사는 '남자'여야 한다. 현행 교회법상 항존직분자 중 목사와 장로인 경우는 남, 여 모두가 자격이 있지만 안수집사는 남자만 될 수 있고, 권사는 여자만 될 수 있다. 그러나 초대교회 시에는 여자집사도 있었다. 디모데전서 3장 11절에서 "여자들도 이와 같이 정숙하고 모함하지 아니하며 절제하며 모든 일에 충성된 자라야 할지니라"라고 자격기준을 명시한 것을 보면 초대교회는 여자도 안수하여 집사로 세운 것으로 볼 수 있다. 그러나 현행 장로교 교회법에는 안수집사와 같은 비중의 여자 항존직분인 권사 제도가 있기 때문에 남자는 안수집사로, 여자는 권사로 임직하도록 한 것 같다. 이는 교회 안에서 상당한 지도력과 헌신적인 여성 성도가 있음에도 여자장로 제도를 인정하지 않으려는 고루한 생각에서 권사 제도를 만들고 여자를 위한 권사 제도가 있으니 같은 비중의 안수집사를 여자 성도로 세울 필요성을 갖지 않아서 여자는 권사로, 남자는 안수집사로 제도화하였을 것이다. 따라서 이 제도는 재고될 필요가 있다고 사료된다. 현행법에서 안수집사의 자격기준은 남자만이 안수집사가 될 수 있다.

장로교의 집사가 되기 위해서는 아주 중요한 자격기준이 하나 더 있다. 그것은 성도들의 인정을 받아야 한다는 것이다. 그것은 당회의 결정으로 소집된 공동의회에서 투표자의 과반 득표를 해야 하기 때문이다. 아무리 외적, 내적으로 자격을 갖추었다고 해도, 그래서 당회의 특별한 추천을 받았다고 해도 등록된 입교인 전체회의인 공동의회에서 투표자 수의 과반의 찬성을 얻어야만 집사 후보로 선택될 수 있다. 아마 이 제도는 자격 있는 집사를 세우는 데 아주 유용한 제도일 것이다. 다 잘해도 성도들의 지지를 얻지 못하면 집사가 될 수 없다. 따라서 집사의 아주 중요한 자격은 성도들의 신임을 얻어야 한다.

교회의 많은 사역을 '집사'만으로는 다 감당할 수 없으므로 한국교회는 임시직으로서 '서리집사' 제도를 두어 집사의 사역을 보완하고 있다. 서리집사도 제직회원이 되며 교회 각종 사역에 제한 없이 참여하는 등 그 직임은 안수집사와 동일하지만 서리집사는 안수받지 않고 임명되는 임시직임이므로 그 자격도 차이가 있다.

서리집사는 항존직인 '집사'와는 다르게 "무흠 입교(세례) 1년 이상"으로 그 자격이 대폭 완화되어 있다. 안수받은 항존직으로서의 집사는 무흠 입교 5년 이상 된 경우에만 그 자격이 인정되지만 1년 임기의 임시직인 서리집사는 진실한 무흠 세례교인(입교인)으로 1년을 경과하고 교회에 등록한 후 1년 이상 교인의 의무를 성실하게 이행하면 서리집사의 자격이 인정되어(정치 제9장 59조) 당회의 결의로 교회의 임명을 받아 서리집사로 시무할 수 있다.

서리집사는 타 교회에서 집사로 시무하다가 이명을 해 온 경우에도 이명증서를 제출할 경우 동일한 자격을 인정한다. 그러나 이명증서를 제출하지 않았을 경우에는 등록 후 2년을 경과해야 서리집사의 자격을 갖게 되며, 구역장, 교사, 찬양대원, 자치단체의 임원 등의 직분을 맡을 자격을 갖게 된다(헌법시행규정 제2장 정치 12조).

서리집사의 경우 연령이 25세 이상 된 자이면 된다. 항존직인 '집사' 의 경우 35세 이상이어야 하지만, 서리집사는 25세 이상으로 규정되어 있다. 교단마다 연령 제한이나 자격규정이 다소 차이가 있기는 하지만 연령을 법으로 정한 것은 너무 연소하거나 교회생활이 익숙하지 못한 경우 그 직임을 잘 감당하기 어렵다고 판단하여 연령을 제한하고 있다. 그러나 서리집사의 경우 임기가 1년이므로 연임 여부를 당회가 결정할 수 있어서 연령대를 안수집사보다 10세나 낮추어서 규정하고 집사로 섬길 수 있는 기회를 허락하는 것이다.

또한 서리집사는 남녀 제한이 없이 임명할 수 있다. 항존직 '집사'의 경우는 반드시 '남자'이어야 한다고 규정하고 있으나(정치 제8장 51조 2항) 서리집사는 교인의 의무를 성실히 감당하고 있는 사람이라면 남녀 제한 없이 임명을 받아 서리집사가 될 수 있다. 현재 한국교회는 거의 모든 교회의 서리집사가 남자보다는 여자가 더 많고, 교회의 거의 많은 사역을 여자집사가 담당하고 있다. 안수집사를 남자에만 국한한 것은 권사를 여자에게만 허락하는 것과 무관하지 않으나 한국교회의 실제적 사역을 거의 여자집사가 담당하고 있음을 볼 때, 장차는 교회의 건강한 발전과 사역을 위하여 남자에 국한하는 안수집사를 서리집사처럼 여자들에게도 개방하는 것이 좋을 것으로 생각한다.

위에서 설명한 것처럼 교회가 집사를 임명하는 것은 어떤 교권의 분배가 아니라 그리스도의 몸 된 교회를 든든히 세우고 구원 사역을 바로 담당하기 위하여 일꾼(봉사자)으로 세우는 데 있다. 그래서 믿음 위에 바로 서고, 그 품성이 건강하고 행실이 선한, 그리고 교회 사역을 위한 능력을 가진 분들을 성도들이 선택하여 안수하여 항존직분자로 세우든지, 또는 당회에서 결정하여 당회장이 임명하여 세우게 된다. 성경 에베소서 4장 11~12절에서 사도 바울을 통하여 교회에 주신 말씀처럼 교회에 여러 직분을 세우는 것은 모두가 다 성도를 온전하게 하여 봉사의 일을 하게 하며 그리스도의 몸을 세우기 위함이다. 그래서 교회는 일꾼을 바로 세우고 일꾼들이 자기 사명을 바로 감당하게 함으로 교회를 온전하게 세울 수 있어야 한다.

또한 교회는 교회의 필요에 따라 무흠 입교인(세례교인) 중에서 협동(명예)집사를 세워 집사의 직무를 협력하게 할 수 있다. 그 자격기준에 대하여는 헌법에서 명시하고 있지 않으나 일반적으로 타 교회에서 안수받은 항존직으로 시무하다가 이명을 온 경우, 본 교회 안수집사로 피택되기 전이나 받지 못한 경우, 또 본 교회 성도 중에서 무흠 세례교인(입교인)임에도 서리집사로 임명하지 못할 사정이 있는 경우에 명예(협동)집사로 임명하여 정년까지 서리집사에 준하여 제직회원의 권리를 행사할 수 있다. 그 조건은 세례교인이어야 하나 연령이나 남녀 구분 없이 당회의 결의로 임명할 수 있고 안수는 하지 않는다.

또 신실한 세례교인임에도 정년(70세)이 넘어서 서리집사로 임명이 불가한 성도를 당회의 재량으로 명예집사로 임명하기도 한다. 이는 교단법 규정에는 없지만 당회의 재량으로 가능하리라고 본다. 단, 이 경우에는 제직회 회원권은 인정하지 않는다.

교회 항존직은 물론 임시직(서리직)의 경우에도 동성애자나 동성애를 지지하고 옹호하는 자는 교회의 직원이 될 수 없고, 교회의 어떤 봉사자로도 임명할 수 없다. 장로교 교단(통합) 헌법에는 "동성애자 및 동성애를 지지하고 옹호하는 자는 성경의 가르침에 위배되며, 동성애자 및 동성애를 지지하고 옹호하는 자는 교회의 직원 및 신학대학교 교수, 교직원이 될 수 없다"(헌법시행규정 제2장 정치 26조 12항)고 규정하고 있다. 따라서 교회 헌법은 동성애 역시 중대한 과실(흠)로 규정하고 집사로 안수하거나 임명할 수 없도록 규정하고 있다.

3
집사의 직무

 '집사'는 처음 신약성경에서 헬라어로 디아코노스(διακονος)라는 용어로 쓰였다. 이 말은 "섬기는 사람", "보조자"라는 의미이며, 집사는 처음부터 "섬기는 직분", 곧 사도들을 돕고 성도들을 돌보는 직임으로 시작되었다. 초대 예루살렘 교회에서 처음 일곱 명의 집사를 선택한 것도 사도들이 말씀을 전하고 기도하는 일에 전념할 수 있도록 사도들의 일을 도와주기 위하여 선택되었다. 그래서 집사는 성직자이기보다는 성직자를 보조하는 역할을 하는 직분이라고 할 수 있다.

 성경(딤전 3:8-13)에서 집사의 자격에 대하여 높은 수준의 도덕성과 신앙적 품성, 곧 "깨끗한 양심에 믿음의 비밀을 가진 자"(딤전 3:9)일 것을 요구하고, "먼저 시험하여 보고 그 후에 책망할 것이 없는 자"(딤전 3:10)이어야 한다고 집사 선임에 신중할 것을 명하는 것으로 미루어 보아 집사의 직임은 믿음 좋다고 아무나 다 감당할 수 있는 직임은 아닌, 기능적으로도 중요한 직임이었음을 알 수 있다.

또한 집사가 "술을 즐기지 아니하며 구타하지 아니하며 오직 관용하며 다투지 아니하며 돈을 사랑하지 아니하며"(딤전 3:3)라고 규정하여 사회적 모범을 보이는 삶과, 특히 "자기 집을 잘 다스려 자녀들로 모든 공손함으로 복종하게 하는 자"(딤전 3:4)라고 규정하고 "사람이 자기 집을 다스릴 줄 알지 못하면 어찌 하나님의 교회를 돌보리요"(딤전 3:5)라고 설명하는 것으로 보아 집사는 그의 사역의 기능뿐만 아니라 삶으로 모범을 보이고 교회를 돌보는 교회의 지도자임을 가르쳐 주고 있다.

또 집사는 장로처럼 교인의 대표가 아니라 교회 사역과 목회적 필요에 따라 수에 제한 없이 필요한 만큼 세우는 일꾼이다. 성도를 대표해서 섬기는 직임이 아니라 사역의 필요에 따라 임명되고 사역을 위하여 쓰임 받는 직분이다.

집사의 자격에 대한 교회법적 규정은 대한예수교장로회(통합)의 경우 교단 헌법 제2편 정치 제5장 50조에서 집사의 직무를 "집사는 교회의 택함을 받고 제직회의 회원이 되며, 교회를 봉사하고 헌금을 수납하며, 구제에 관한 일을 담당한다"라고 규정하고 있다. 곧 제직의 직무를 다음 세 가지로 규정하고 있다. 물론 이 세 가지 직무는 목회나 교회 치리나 권징 이외의 교회 전반적인 모든 사역을 포함하는 사역자의 직무이다.

1) 제직회원으로서의 직무

집사의 일차적 직무는 제직회원으로서의 직무이다. 제직회원이 된다는 말은 '제직회'에 참여하는 회원이 된다는 의미도 있지만, 그보다는 제직회의 사역을 담당하는 직분이라는 의미이다.

교회법상 교회에는 정책기구로서 치리와 권징을 위해 목사와 장로로 구성되는 '당회'가 있다. 당회는 지교회(支敎會, 세상의 모든 교회를 우주적인 하나의 교회로 보기 때문에 개 교회를 '지교회'라고 부른다)의 정책을 입안하고(입법), 시행하며(행정), 또 권징(사법)을 담당한다. 곧 교회의 입법, 사법, 행정을 통괄하는 기구가 당회이다. 당회를 기초치리회라고 하고, 당회 위에 상회(上會)로서 노회가 있고, 노회 위에 총회가 있다. 물론 그 기능이나 역할은 차이가 있고 기구의 성격도 차이가 있지만, 장로교의 경우 치리회가 당회, 노회, 총회로 구성되는 3중 구조로 되어 있다.

개 교회주의에 가까운 한국장로교의 경우 거의 모든 것은 기초치리회인 당회의 권한에 속한다. 당회가 가장 중요한 교회 치리기구라고 할 수 있다. 그리고 교회 사역을 담당하기 위해 교회 모든 직분자(목사, 전도사, 장로, 권사, 집사, 서리집사)들로 구성되어 교회 사역과 재정을 담당하는 직분자 전체회의인 제직회(諸職會)가 있다. 다음으로 교회의 인사, 재정, 그리고 교회 중요 결정을 위한 교인 전체회의인 공동의회가 있다.

집사가 되면 제직회원이 되어 교회 전체 사역에 참여하여 섬길 직무가 주어진다. 그러므로 제직회의 직무가 곧 집사의 직무라고 할 수 있다.

제직회는 목사, 부목사의 청빙과 담임목사의 연임청원 등 일부 인사 문제를 비롯하여 공동의회에서 결정된 예산 집행, 재정에 관한 일반수지 예산 및 결산, 구제비의 수입 및 지출, 특별헌금 관리, 당회가 결정하여 부의한 교회 사역에 관한 일, 그리고 교회 부동산 관리 등 교회 제반 문제를 결정하며 집행한다. 그래서 집사의 중요 사역과 직능은 바로 제직회원으로서의 직무라고 할 수 있다. 많은 경우 서리집사들이 제직회에 잘 참석하지 않는 경향이 있다. 그러나 이는 직무를 유기하는 일이다. 제직회에 참석하지 않고서 교회 사역을 바로 파악할 수 없고, 사역을 잘 모르면서 봉사를 잘할 수 없다. 제직회는 사역을 위한 중요 회의이므로 제직회 참석 자체가 집사의 중요한 직무이다.

2) 교회 봉사자로서의 직무

집사는 또 교회 봉사자로서의 직무가 있다. 기본적으로 집사의 직무는 목사가 효과적인 목회 사역을 감당할 수 있도록 여러모로 목사를 도와 봉사하는 일이다. 그러므로 집사의 중심 되는 직무는 당회의 직무인 교회 치리와 권징 이외의 교회 사역 전 분야에 걸쳐 봉사하고 섬기는 직분이다.

제직회 조직 안에서의 위원회별, 부서별 사역의 책임자로 혹은 위원이나 부원으로 교회 사역에 참여하고, 찬양대나 교회학교 교사 등 일반적 교회 사역이나 교구와 구역 조직에 참여하여 구역장이나 교사 등으로도 참여하며, 교회 안의 여러 장년 교육에도 참여하여 배우거나 운영을 돕기도 한다. 집사의 직무는 교회 전반의 모든 분야에서 목사의 목회를 돕고 교회 운영에 참여하며 교회의 각종 사역에 주도적인 역할을 하는 것이 집사의 일반적 직무이다.

집사는 헌금 수납 등 재정 관리의 직무가 있다. 교회 헌법에 명시된 집사의 직무 중 중요한 직무가 바로 헌금을 수납하는 일이다. 성도들의 믿음과 신앙고백으로 드리는 교회 각종 헌금(십일조와 주일헌금, 각종 헌신으로 드리는 헌금과 교회 건축 등 특별헌금)을 수납하는 일이 중요한 집사의 직임이다. 예배시간에 예배순서에 따라 헌금을 드릴 때 헌금위원이 되어서 성도들의 헌금 수납을 담당한다. 근래에 와서 헌금 드리는 방법이 바뀌어서 예배시간에 직접 헌금을 드리지 않고 교회 입구에 비치된 헌금함에 성도들이 직접 헌금을 드리기도 하지만, 그 헌금을 정리하여 강단에 올려 목사로 하여금 기도하여 하나님께 드리게 하는 일과 또 예배 후에 전체 헌금을 모아 계산하고 기장(記帳)하고 공동의회에서 확정된 예산을 필요에 따라 지출하는 등의 교회헌금 관리 역시 집사의 몫이다. 어떤 공동체나 그 공동체가 건강하게 운영되고 사명을 잘 감당하기 위해서 참으로 중요한 것이 인사와 재정인데, 집사는 교회의 임명을 받아 교회의 재정을 관리하는 직임을 감당한다. 그리고 재정 집행 내역을 당회, 제직회, 공동의회에 보고하는 등 교회 운영에 직접 참여하는 직임을 행한다.

집사는 성도들이 드린 헌금을 관리하는 직무를 감당하기 때문에 성도들의 헌금 관리만이 아니라 자신이 교회 재정에 대하여도 일정부분 책임이 있다. 성도들이 많고 재정이 풍부한 경우에는 재정의 정확하고 정직한 관리의 책임이 있지만, 성도 수가 적고 재정이 부족할 경우 교회 경상비나 선교를 위한 사역비 등 재정 수급 문제에 대하여도 그 책임이 있다. 또한 성도들의 헌금을 관리하는 일만이 아니라 집사 본인의 모범적 헌금생활을 통하여 교회 재정을 충당하는 일과 수납된 재정을 관리하고 지출하는 모든 일, 곧 교회 재정 문제에 대한 책임이 집사에게 있다. 이는 재정을 담당하기 위하여 재정위원으로 임명을 받은 집사뿐 아니라 모든 집사들은 교회 사역과 재정 등 교회 운영에 필요한 재정 운영에 대한 책임을 함께 가지고 있다.

집사는 구제 등 선교를 위한 직무 또한 간과해서는 안 된다. 초대교회 집사의 경우와 같이 오늘 우리 시대에도 집사는 재정 관리 책임뿐 아니라 그 재정으로 구제하고 선교하고 사역하는 일 역시 집사의 직무이다. 교회에 수납된 재정은 축적(縮積)이 목적이 아니라 선교와 사역을 위한 올바른 사용이 더 큰 목적이기 때문이다.

그 중에서 중요한 사역이 바로 선교와 구제, 곧 교회의 사회적 책임을 감당하는 일이다. 요즘 한국사회에서는 구제할 대상이 많지 않고 또 구제는 상당부분 국가의 사회복지로 해결하지만 그렇다고 교회의 사회적 책임이 감소된 것은 아니다. 어렵고 힘든 이웃을 돌보는, 이웃에 대한 사회적 책임은 사람 사는 모든 곳에 늘 필요하다. 집사는 교회 주변의 어려운 이웃을 돌보는 일 역시 중요한 교회 섬김이요, 집사의 직임이라는 것을 명심해야 한다. 초대교회의 경우 사도들의 직접선교와 집사들의 간접선교(구제활동)가 교회를 왕성하게 하였다(행 5:7). 집사는 어려운 이웃과 약한 성도들을 잘 돌보는 책임이 있음을 기억할 필요가 있다.

3) 목회 도우미로서의 직무

집사의 사역 중 또 하나의 중요 사역이 목사의 목회 활동을 돕는 일이다. 집사 제도의 시작인 초대교회에서 집사라는 직분을 세운 목적이 사도들이 기도하는 것과 말씀 전하는 일에 전념하게 하기 위해서(행 6:4)였다. 처음 집사 선택의 목적이 곧 사도들의 사역을 돕기 위함이었다는 말이다. 사도들의 사역 가운데 구제를 위한 봉사나 섬김을 위한 수고보다는 기도하는 일과 말씀 증거하는 사역이 더욱더 중요하므로 사도들 본연의 사역(말씀 증거와 기도)에 전념할 수 있도록 돕기 위하여 집사를 세웠다(행 6:4). 집사들의 도움으로 사도들이 말씀 증거와 기도에 전념함으로 하나님의 말씀이 왕성해서 교회 부흥이 이루어졌다(행 6:6).

오늘 우리 시대에도 집사의 중요 사역은 바로 목회자의 목회를 도와 그 목회가 효율적이게 하는 일이다. 교회의 존재 목적이 복음 사역이며 이를 담당하는 목사를 돕는 일이 바로 복음 사역을 온전케 하는 방법이다.

집사가 목회자의 목회 사역을 돕는 것은 단지 구제와 재정만이 아니라 목회자의 구체적 목회 사역에서도 도움이 필요하다. 그것은 교회 성장을 위한 전도 활동을 비롯하여 성도들을 심방하고 돌보는 일에서도 집사의 역할은 중요하다. 성도들을 돌보는 일은 목회자의 가장 중요한 사역의 하나이기는 하지만 목회자는 성도들에게 생명의 말씀을 전해야 하는 말씀 사역이나 기도 사역이 중요하다. 그래서 집사들의 심방을 통하여 목사가 꼭 돌봐야 할 성도들을 확인하고 그 정보를 가지고 목회자가 돌봄이 필요한 가정을 심방할 수 있다면 모든 성도들을 사각지대 없이 효율적으로 돌볼 수 있을 것이다. 그래서 성도들을 돌보는 일에도 집사들의 많은 도움이 필요하다.

초대교회의 경우에도 집사는 구제하는 일과 접대하는 일만이 아니라 영적 지도자 역할도 했음을 스데반과 빌립의 경우를 통하여서 알 수 있다. 그들은 전도자로서도 봉사했다. 집사들이 교인을 섬기는 일이나(행 6:1-2), 사도들이 말씀을 섬기는 일이나(행 6:1-2, 4) 다 같은 봉사이다. 그러나 집사의 봉사와 목사의 봉사의 내용은 다르다. 그러므로 집사는 사도들의 기도와 선교의 협력자로 선택받은 봉사자이며 목사의 보조자이다.

현실 교회에서 성도들을 돌보는 중요한 시스템이 바로 구역 조직을 통한 교인 돌봄이다. 원활한 구역 활동은 교회 부흥과 성장은 물론 교인들을 신앙으로 돌보는 데 아주 중요한 목회 사역이다. 구역 사역을 위해서 가장 중요한 역할을 하는 것이 구역회인데, 구역회를 조직하고 활동하고 이끌어 가는 것이 바로 집사들, 한국 사회에서는 특히 서리집사인 여집사들의 활동이 절대적이다. 성도들과 격의 없는 대화가 가능하고 친밀한 관계를 가지고 있는 집사들의 구역 활동은 목회자의 목회를 구체적으로, 그리고 가장 효과적으로 도울 수 있는 집사의 직무이다.

교인들을 돌보는 차원에서의 구제 활동 역시 목회자의 목회를 돕는 집사들의 중요 사역이다. 어려움을 당한 교인들, 신앙의 격려가 필요한 교인들, 긴급한 구제가 필요한 교인들을 적시에 발견하고 돕고 위로하는 일이야말로 목회자를 돕는 중요 사역이다. 단순한 물질적 도움이나 일시적인 구제가 아니라 그들을 영적으로 바로 세우는 일은 참으로 중요한 집사의 직무이다.

재정 업무 역시 단순히 헌금 관리의 차원을 넘어서 교회 살림을 담당하는 일이라고 할 수 있다. 살림을 잘해야 교회 공동체가 든든히 서 갈 수 있다. 이처럼 집사의 일은 단순히 제직회원이 되어서 제직으로서의 사무적 사역뿐 아니라 목회자의 목회 사역의 한 축을 담당하고 돕는 일이다.

따라서 집사는 자기 생각이나 주장을 따라 자신이 원하는 사역을 자신의 방법대로 교회를 섬기는 직분이 아니라 목회자의 목회 철학이나 방법 등을 잘 이해하고 목회자를 돕는 것이 우선적 사역이다. 목회에 유용한 도우미가 되어야 한다.

또한 목사를 돕고 교회를 세우기 위한 집사의 중요한 섬김은 그의 섬김과 삶을 통하여 성도들에게 모범을 보여주어야 한다. 막연히 "예수님 잘 믿자", "하나님 잘 섬기자"라고 하기보다는 예수님 잘 믿고 하나님 잘 섬기는 것이 어떤 것인지를 삶으로 보여주어야 한다. 예배에 참여하는 태도와 기도하며 살아가는 영적 삶이나 생명 구원을 위한 전도나 이웃 사랑의 구제, 그리고 자신의 가정과 직장생활의 바른 태도를 모범으로 보여주어서 성도들이 보고 배울 수 있도록 하는 것이 참 중요하다. 성도들이 교회 섬기는 것과 영적 생활을 하는 것, 그리고 세상에서 신앙인으로 살아가는 것, 또 전도하고 봉사하는 것 등을 시범으로 보여주어서 성도들이 따라 배울 수 있도록 모범을 보여주는 역할이야말로 집사의 중요 사역이다. 믿음의 시작은 마음이지만 마음으로 믿어 입으로 고백되어야 하고, 삶으로 실천되어야 한다. 믿음도 배워야 한다. 특히 세상 문화에 익숙한 성도들이 교회 문화를 바로 배울 수 있어야 한다. 오랫동안 교회에 출석하면 예배 문화나 교회 구조 안에서 교회 가족으로 사는 것을 배울 수 있지만, 생소한 교회 문화에 적응하기 위해서는 누군가 모델이 되어 주어야 한다.

그래서 집사는 신앙적 삶의 방식을 보여주는 신앙생활의 모범이 되어야 한다. 성도들은 자기만 잘 믿으면 된다. 자신의 신앙만 잘 지켜도 된다. 그러나 집사는 자신이 잘 믿고 자신의 신앙생활도 온전해야 하지만, 그 믿음을 다른 사람에게 보여주어서 다른 사람이 배우고 다른 사람도 잘 믿도록 해 주어야 한다.

교회마다 독특한 신앙 문화가 있다. 예배, 섬김, 그리고 많이 사용하는 신앙 용어나 신앙의 태도까지 독특한 문화가 있다. 마음이 따뜻해지고 평안해지는 교회가 있고 그렇지 못한 교회도 있다. 생명 구원에 열심 있는 교회도 있고 그렇지 않은 교회도 있다. 같은 교회도 지도자가 바뀌면 교회 문화도 바뀐다. 어떤 교회는 분쟁이 많아 불편한 교회가 있고, 조용하고 좋은 소문난 교회도 있다. 교회에 가 보면 그 문화가 보인다. 교회 공간 배치, 써 붙인 교회 표어, 많이 사용하는 신앙 용어와 그 의미, 교인들의 표정, 예배 태도 등이 서로 다르다. 왜 그런가? 그것은 그 교회의 신앙 문화의 차이이다. 지도자가 그 교회 문화를 만든다. 지도자는 그 교회 신앙 문화의 샘플(sample)이 된다. 교회 지도자는 교회 문화에 대하여 책임을 져야 한다. 교회 문화, 곧 성도들의 신앙 문화의 좋은 본(本)이 되어야 한다. "예배는 이렇게 드린다", "교회 섬김은 이렇게 해라" 등의 신앙생활의 좋은 모범을 보여야 한다. 목회자인 필자도 시무한 교회에 부임하여 처음 부딪친 가장 큰 어려움이 신앙 문화의 차이였다. 전에 섬기던 교회와 너무나 다른 문화의 충격이 가장 큰 어려움이었다.

교회 지도자는 섬기는 교회의 신앙 문화를 만드는 사람이다. 그래서 사도들은 초대교회 지도자들에게 믿는 자의 본이 되라(딤전 4:12; 벧전 5:3)고 권면하고 있다. 교회 지도자, 특히 성도들과 가장 가까이 있는 집사는 모든 성도나 지역사회 주민들 앞에 믿는 자의 본이다. 목회자의 입장에서는 집사의 많은 직무 중에서도 특히 성도들에게 좋은 본을 보여주는 것이 가장 좋은 헌신이다. 세상과 다른 문화를 형성하고 있는 교회생활은 구체적으로 그 신앙생활을 성도들에게 보여주는 모범이 있어야 한다. 그것은 교회생활뿐만 아니라 가정생활에서도 그렇다. 세상에서 살아가는 모든 삶에서 신앙인의 본을 보여주어야 한다.

이와 같이 집사는 교회의 모든 분야에서 목회자를 돕고 섬기고 성도들을 보살피며 교회를 세워나가는 교회의 봉사자의 직무를 받은 사람이다. 그의 헌신과 봉사 태도가 교회의 문화가 되고 신앙생활의 준거가 될 수 있다.

4
집사의 임직과 시무

1) 집사의 임직

집사의 선택 역시 안수받아 항존직으로 세워지는 집사와 당회장의 임명으로 세워지는 임시직인 서리집사는 그 선택 방법의 차이가 있다.

집사의 경우는 당회의 결의로 공동의회를 소집하여 무기명 비밀투표를 통하여 투표자의 과반수를 득표한 사람(남자)을 훈련과 당회 시취를 통해 집사로 세운다(헌법 정치 제8장 24조). 또는 공동의회 투표시 집사 후보를 당회가 추천하여(헌법시행규정 제2장 정치 26조) 공동의회에서 신임을 물어 과반수의 득표를 얻을 경우에도 집사 후보로 훈련을 받고 당회 시취를 통해 집사로 안수할 수 있다.

그러나 1년 임기의 임시직인 서리집사의 경우에는 다른 절차 없이 후보자를 당회가 결정하여(남녀 성도 중) 당회장이 임명하여 1년간 서리집사로 시무하게 한다. 위에서 언급한 대로 안수집사의 경우에는 남자만 가능하나 서리집사의 경우에는 남녀 모두 가능하다.

항존직인 집사와 임시직인 서리집사는 임직 절차 역시 큰 차이가 있다. 성경에도 장로의 임직 기록은 없지만 집사 임직 기록은 있다. 사도행전 6장의 기록이다. 사도행전 6장에는 집사의 선택과 집사 임직의 배경을 잘 설명해 준다. 집사직은 교회 역사상 최초로 사도들에 의해서 공식적으로 세워진 직분이며, 역사적인 교회로 세워지기 위해서 교회 조직의 기초가 된 직분이다. 교회는 이들을 기초로 하여 공식적인 구원의 기관으로 조직되고 사역을 감당할 수 있게 되었다. 사도들과 선지자들의 터 위에 교회가 세워지기 위하여(엡 2:20) 먼저 집사들을 통하여 터가 세워졌다. 그래서 집사직은 사도시대로부터 계속하여 지속된 거룩한 항존직으로 오늘의 교회까지 지속되고 있고, 또 주님 오실 때까지 지속되리라고 본다. 사도들의 직무 수행과 교회를 이끌어 갈 감독(장로)들의 직무 수행을 위해 교회를 섬길 집사직이 중요했고, 이 사역의 기초적 역할을 감당하는 자랑스러운 직분이 집사직이라는 중요성 때문에 성경은 집사직의 배경과 임직에 관하여 자세히 우리에게 가르쳐 준 것이라고 본다.

이처럼 교회가 역사 안에 계속하여 존재하고 복음이 증거되고 생명 구원의 역사가 계속 되기 위하여, 교회가 거룩한 교회로 치리와 권징이 온전히 시행되기 위하여 집사직은 필요하다.

오늘날 장로교에서의 집사 임직은 다음과 같은 법적 절차를 따라 안수하여 항존직으로 임직한다.

집사는 공동의회에서 투표자 과반수의 득표로 피택된다. 이렇게 집사 후보자로 선택되고 집사로서의 흠결이 없어 집사 후보자로 확정되면 3개월 이상 당회의 지도 아래 직무 훈련을 받는다. 성실히 훈련을 받고 당회 시취에 합격되면 당회 결의로 임직예식을 통하여 집사의 임직 서약을 하고 안수를 받아 집사로 임직한다(헌법 정치 제8장 55조). 곧 직분은 하나님께서 주시는 것이지만 교인들에 의하여 선택되고 당회에 의하여 세워진다. 그래서 집사는 지교회 소속이고 타 교회로 이명할 경우에는 안수받은 항존직이므로 그 직분은 유지되지만 그 시무는 정지된다. 이명된 교회에서 다시 선택을 받아야 하고 취임을 해야 시무집사가 될 수 있다. 이미 안수받은 집사는 안수를 다시 받지 않아도 된다.

성경에서 안수는 여러 가지 방법과 의미를 주는 종교적 행위였다. 그러나 오늘날 임직을 위한 안수는 구약시대의 기름 부음의 예식과 같은 의미로 거룩한 직임을 위임하는 예식이다. 구약시대에는 왕, 제사장, 선지자를 기름 부어 세웠다. 하나님의 위임을 받아 백성들을 통치할 왕(삼상 10:1)을 세울 때, 하나님과 인간의 중보자로서 제사장(출 40:15)을 세울 때, 그리고 하나님의 위임을 받아 백성들에게 하나님의 뜻을 전하는 선지자(왕상 19:16)를 세울 때 기름을 부어 거룩하게 구별하였다. 기름 부음이란 거룩하게 구별(성별)하여 집사의 '사명을 부여'하는 것을 말한다.

임직을 위한 안수 역시 이런 기름 부음의 의미라고 할 수 있다. 교회는 목사를 성직자로 세울 때 안수를 하며, 또 장로를 세울 때, 권사와 집사를 세울 때 거룩하게 구별하여 공적으로 직임을 맡긴다는 의미로 안수를 하여 항존직으로 세운다.

서리집사의 임직은 안수절차 없이 당회의 결의로 교회의 임명을 받아서 집사로 세워지고 1년 동안 직임을 감당하게 되고 1년이 지나면 자동적으로 임기가 만료된다. 서리집사는 당회의 결의로 매년 교회의 임명을 받아 70세까지 연임할 수 있다. 또한 서리집사는 임시당회장이나 대리당회장도 임명할 수 있다(헌법 정치 제8장 59조, 헌법시행규정 제2장 정치 30조 2항).

2) 집사의 휴무와 사임(사직)과 복직

안수받은 집사가 시무 중에 특별한 사정에 의하여 휴무코자 하면 당회장에게 휴무서를 제출하여 당회의 결의로 휴무케 할 수 있다(헌법 정치 제8장 58조). 휴무 기간에는 집사로서 받은 모든 직임에서 휴무하게 되나 항존직인 집사의 직분은 그대로 유지되고 복직 시까지는 집사로서의 권한과 의무로부터 자유한다.

서리집사의 경우는 1년 임시직이므로 별도의 휴무 절차가 필요하지 않다. 1년이면 임기가 자동 만료됨으로 연임 임명을 받지 않으면 서리집사 직분이 자동 해임되기 때문이다.

집사가 부득이한 사유로 인하여 더 이상 시무가 어렵다고 판단되어 자의로 시무를 사임(辭任) 또는 사직(辭職)하고자 할 경우에는 사임서 (사직서)를 당회에 제출하여 당회의 결의로 사임, 사직을 허락받아 사임, 사직을 할 수 있다(헌법 정치 제8장 56조 1항). 이를 자의사임(사직) 이라 한다.

집사가 교회에서 불미스러운 행위를 한 사실이 확인되면 당회 결의로 사임, 사직을 권고할 수 있고, 그 권고에 따라 당사자가 사임(사직) 서를 제출하면 당회는 사임(사직)하게 한다(헌법 정치 제8장 56조 2항). 이를 권고사임(사직)이라고 한다. 그러나 집사 본인이 사임이나 사직을 하지 않는 경우 집사를 신임투표로 사임이나 사직시킬 수는 없다(헌법 시행규정 26조 7항). 교회 모든 교인이나 직원은 재판을 받아서 자신을 방어할 권리를 가지며(헌법 권징 제1장 4조 1항), 재판을 받지 않고는 권징할 수 없다(헌법 권징 제1장 6조 2항).

집사로 안수받은 경우 본인이 자의로 사임이나 사직하지 않을 경우 신임 투표 등으로 그 직임을 박탈할 수 없다는 말이다. 다만 범법으로 인해 재판을 통하여 면직이나 사직이나 사임의 처분을 할 수는 있다. 범법 사실이 없고 재판을 통하여 처벌을 받지 않는 한 70세 정년까지 그 직분이 보장된다. 이는 그 직분의 중요성을 의미하며 또 그 책임의 중다함을 의미한다. 따라서 교회는 집사 선택과 임직, 그리고 임명에 대하여 신중을 기할 필요가 있고, 집사 스스로도 직분의 중요성을 알아 사명을 다하여야 한다.

자의로 사임한 집사가 복직을 원하는 경우에는 당회원 3분의 2 이상의 결의로 복직할 수 있다(헌법 정치 제8장 58조 2항). 그러나 자의사직한 집사가 복직을 원하는 경우에는 당회 결의로 공동의회에서 과반수의 득표로 복직 결의를 받아야 하며, 임직 때와 같은 서약을 하여야 한다(헌법 정치 제8장 58조 4항).

권고사임을 한 집사가 복직을 원하는 경우에도 권고사임 사유가 해소되어야 하고, 당회원 3분의 2 이상의 결의로 공동의회에서 과반수의 득표로 복직 결의를 받아야 하며 임직 때와 같은 서약을 하여야 한다(헌법 정치 제8장 58조 3항).

3) 집사의 이명, 은퇴

집사는 지교회가 임명한 직분으로 임직 후 타 교회로 이명할 경우 그 직분은 유지되나(항존직) 시무권은 없다. 이명한 교회에서 집사가 되기 위해서는 집사 임직의 적법한 절차를 거쳐서 다시 임직 혹은 임명을 받아야 한다. 이명을 위해서는 소속교회에서 발급한 이명증서를 제출하여야 하고, 이명되어 출석할 당회에서 교인으로 결의하여 받아야 한다.

이명한 교회에 집사로 시무하기 위해서는 본 교단 소속 교회에서 이명한 경우에는 당회의 결의와 공동의회에서 과반수 이상의 투표로 신임하며, 타 교단 소속 교회에서 이명한 경우에는 처음 선택할 때의 절차를 거쳐야 하며 안수는 생략할 수 있다. 항존직 선출시 이명증서를 제출하지 않은 교인은 무흠기간을 본 교회 등록일로부터 새로 기산하여야 한다. 단, 이명증서를 제출했을 경우 종전 교회의 무흠기간과 현재 교회의 무흠기간을 합산하여 계산한다.

서리집사 임명의 경우에도 이명증서를 제출한 경우 종전 교회의 무흠기간을 인정받아 곧바로 서리집사로 임명받을 수 있으나 이명증서를 제출하지 않은 교인은 교인으로 등록된 후 2년이 경과해야 교회의 서리집사로 임명될 수 있고 구역장, 교사, 찬양대원, 자치단체 임원 등의 직분을 맡을 수 있다.

집사가 정년이 되어 퇴임하거나 특별한 사정에 의하여 정년이 되기 전에도 은퇴할 수 있다. 은퇴한 집사의 경우에는 교회 내 모든 공직이 종결되나 다만 제직회의 언권회원이 된다(정치 제8장 57조).

5
교회 공동체 운영과 집사의 역할

    교회 봉사와 섬김은 한 개인의 삶의 태도나 신앙적 활동이 아니라 교회 공동체 안에서 공동체와 더불어 이루어지는 섬김이다. 그러므로 교회 봉사는 교회 공동의 질서 안에서 주어진 원칙을 따라 자신에게 주어진 직무를 감당해야 한다. 집사가 비록 교회 지도자이며 안수받은 항존직이라고 해도 교회 모든 일을 다 관여하거나 책임을 져야 하는 것은 아니다. 집사는 집사로서 집사에게 주어진 직무의 한계 안에서 섬겨야 한다. 성경은 하나님이 우리에게 주신 은혜대로 받은 은사가 각각 다르기 때문에 모든 봉사자는 믿음의 분수를 따라 봉사할 것을 명하고 있고(롬 12:6), 무슨 일이든지 믿음의 분량대로 지혜롭게 하라고 가르쳐 주신다(롬 12:3). 그래서 좋은 집사로 봉사하기 위해서는 교회 공동체 안에서 집사로서의 자신의 위치를 바로 알 필요가 있고 적절하게 봉사할 수 있어야 한다.

1) 교회, 장로교회

교회는 예배를 드리는 예배당을 말하는 것이 아니라 예수 그리스도를 주로 영접한 하나님의 자녀들, 곧 "그리스도인들의 공동체"를 말한다. 교회는 시간과 공간을 초월하여 함께 그리스도인의 공동체를 이루는 하나님의 자녀들인 전 우주적인 하나님의 가족이다.

우리가 고백하는 "웨스트민스터 신앙고백서"에는 교회를 아래와 같이 정의한다(제25장 1-4).

1. 교회는 과거나 현재나 미래에 있어서 머리 되시는 그리스도를 중심하여 모이는 택함을 받은 모든 사람들로 구성된다. 그것은 그리스도의 신부요, 그의 몸이며, 만물 안에서 만물을 충만케 하시는 자의 충만이시다(엡 1:10, 22-23, 5:23, 27, 32; 골 1:18).

2. 가시적인 교회도 복음 아래 있는 보편적이고 우주적인 교회이다. 이 교회는 율법시대와 같이 한 민족에게만 국한된 것이 아니라 전 세계를 통하여 참 신앙을 고백하는(고전 1:2, 12:12-13; 시 2:8; 계 7:9; 롬 15:9-12) 모든 사람과 그들의 자손들로 구성된다(고전 7:14; 2:39; 겔 16:20-21; 롬 11:16; 창 3:15, 17:7; 갈 3:7, 9, 14; 롬 4장). 이 교회는 주 예수 그리스도의 왕국이요(마 13:47; 사 9:7), 하나님의 집이요, 권속이다 (엡 2:19, 3:15; 마 12:50; 잠 29:18). 이곳을 떠나서는 구원의 정상적 가능성은 없다(행 2:47).

3. 그리스도는 이 보편적이고 가시적인 교회에게 이들의 모임과 세상 마지막 날까지 이 세상에서 성도의 생을 완수하게 하기 위하여 성직과 예언과 의식을 주셨다. 그리고 자기의 약속에 따라 그리스도 자신과 성령이 임재하셔서 그것을 효과적으로 나타나게 하신다(고전 12:28; 엡 4:11-13; 마 28:19-20; 사 59:21).

4. 이 보편적 교회는 때로는 더 쉽게 볼 수가 있고 때로는 보기가 더 어렵다(롬 11:3-4; 계 12:6, 14; 행 9:31). 이 보편적 교회에 속하는 개체 교회는 복음의 교리를 가르치고 받드는 데 따라 또한 의식이 시행되고 공동 예배를 순수하게 가지고 못 가지는 데 따라 더 순결하기도 하고 덜 순결하기도 하다(계 2-3장; 고전 5:6-7).

이는 교회에 대한 신학적인 설명으로 교회는 시공간을 초월한 전 우주적으로 하나의 교회임을 강조한다. 그러나 본서에서 말하는, 집사가 되어 섬겨야 할 우리 교회는 우주적이고 불가시적인 영적 교회만이 아니라 시간과 공간 안에 존재하는 가시적 교회를 의미한다.

교회는 이 땅에서 하나님의 영광을 위하여 예배하고, 주님 예수 그리스도가 위탁하신 구원의 역사를 이루기 위하여 세상에 나가서 복음을 전파하고, 그리스도인들의 신앙생활을 공고히 하기 위하여 말씀으로써 훈련하며, 교회의 거룩성을 지켜 나가기 위하여 권징을 시행한다.

이처럼 교회는 교회의 사명을 감당하기 위하여 구체적으로 이 땅에 조직된 공동체로 존재한다. 이를 위해 교회당을 소유하며 효과적인 사역을 위하여 기관을 세우고 치리 구조를 가진다.

이 우주적인 교회에 구체적이고 가시적인 그리스도의 지역 공동체로 모이는 지역교회를 '지교회'라고 부른다. 지교회는 예수님을 믿는 무리와 그 자녀들이 저희의 원하는 대로 일정한 장소에서 성경의 교훈에 따라 하나님께 예배하고 성결하게 생활하며 그리스도의 나라를 확장하기 위하여 활동하는 지역 공동체를 말한다. 따라서 집사는 지역 공동체인 지교회를 섬기는 거룩한 공동체의 일꾼이다.

그런데 주님의 몸인 교회가 이 땅에서 존재하고 사역을 감당하기 위해서는 구체적인 존재 방식이 필요하다. 곧 교회가 조직되고 운영될 일정한 정체(政體)가 필요하다는 말이다. 교회가 처음으로 정치구조로 조직된 것은 오순절 성령 강림 후이다. 사도들이 복음이 증거되고 교회가 세워지는 각 지역에 교회를 이끌어 갈 감독(장로)들을 세운 것이(행 14:23, 20:17; 딛 1:5) 그 시작이라고 할 수 있다. 이후로부터 목사와 감독의 직분이 시작되었고(행 20:17; 딤전 5:17), 그 감독들에 의하여 각 지역교회가 운영되고 복음 사역을 감당하게 되었다.

당시 교회는 많은 핍박으로 인해 지하교회로 존재하였지만, 그럼에도 불구하고 사도들의 순교적 헌신으로 공동체를 이루었고 많은 영혼을 구원하는 교회로 성장해 왔다. 교회가 정치적인 자유를 얻은 이후에는 더 활발히 성장하여 든든히 정체(政體)를 유지하며 공교회로 세워졌다.

오늘날에도 이 땅에는 여러 많은 교파와 교단이 교단의 정체성(正體性)에 따라서 서로 다른 정체를 따라 운영되고, 그 정체에 따라 교파가 나눠지기도 했다. 물론 이는 그리스도의 교회가 나뉜 것이 아니라 지역교회를 움직여 가는 치리구조나 운영체제의 차이 때문이다.

개인에게 양심의 자유가 있는 것같이 어떤 교파 또는 어떤 교회든지 교인의 입회 규칙, 세례교인(입교인) 및 직원의 자격, 교회의 정치 조직을 예수 그리스도께서 정하신 대로 설정할 자유권이 있으므로(예장통합 헌법 제2편 정치 제1장 2조) 이렇게 효과적 선교와 교회의 사명을 위하여 서로 다른 이름의 교파들이 세워졌다. 그리고 주님이 맡겨 주신 사람을 살리고 사람을 세울 많은 사역 중 더 집중적으로 감당할 사역에 따라 그 지역교회의 치리 구조의 차이로 인해서 여러 이름의 교파가 생겨나고 각자의 핵심사역으로 하나님을 섬겼다. 중요한 것은 이 땅에 온전한 그리스도의 몸인 교회는 교파를 초월하여 하나의 교회, 하나의 그리스도의 몸이라는 사실이다(웨스트민스터 신앙고백 25장 1).

물론 교회 정체(政體)는 교회의 성격을 가늠할 만큼 중요하다. 교회 정체가 무너지면 거룩하고 보편적인 교회를 세울 수 없다. 지상의 교회가 어떠한 정체를 갖는가 하는 것은 가시적 교회를 어떻게 세우는가 하는 교회의 본질적인 문제라고 할 수 있다. 이러한 이유로 오늘의 교회 정체는 일반적으로 ① 감독 정체, ② 회중 정체, ③ 장로 정체 등의 정체들로 교회가 운영되고 있다.

"사도적 계승"을 따른다는 감독제로 운영되는 교회들은 로마 가톨릭교회, 영국의 성공회, 감리교회 등이 채택하고 있는 정체로서 사도권을 절대시하며 감독이 최상위 권력자로서 독점적 권위를 가지고 교회를 다스리는 제도이다. 감독의 권위는 회중으로부터 나오는 것이 아니라 "사도적 계승"으로 주어지는 것이라고 믿기 때문에 감독의 절대권을 채택한다. 한때 중세의 교황 무오설까지 주장할 수 있었던 것은 바로 교황이 사도의 계승자라고 믿었기 때문이다. 물론 성공회나 감리교의 경우 감독의 절대권을 인정하는 것은 아니지만, 교회의 최고 통치자인 감독에 의하여 교회가 운영되도록 한 제도로서 감독정치 체제를 채택하고 있다.

다음으로 교회의 일체의 권위를 성도들의 직접 결의에 의해 시행되도록 하는 회중(會衆) 정체(政體)가 있다. 성도들의 대표자를 선택하여 그 대표자로 하여금 교회를 이끌어 가게 하는 장로교 정체에 비해, 회중 교회는 성도들의 직접 결의로 교회를 운영하는 제도라고 할 수 있다. 지교회를 섬기기 위한 직분이 있기는 하지만 이는 단지 교회의 사역이나 행정을 집행하기 위하여 있을 뿐이고 어떤 결정권을 갖지는 못한다. 그러므로 이 정체에는 지교회의 문제를 감독하거나 통제할 상회가 없고 다만 사역의 효율성을 위하여 교회 간의 협의회가 있을 뿐이다. 이 경우 유기적이지 못하고 서로 견제할 법적 구속력이 없어서 교회가 정도(正道)를 잃어버릴 경우 교정하거나 통제할 제도적 장치가 없다. 한국의 경우 회중 정체를 채택하여 운영되는 교회는 침례교, 그리스도의 교회 등이 있다. 근래에 와서는 회중 체제를 표방한 교회에서도 장로 정체의 대의적 요소를 함께 원용함으로써 엄격한 의미의 회중 정체의 교회라고 보기 힘든 교회도 있다.

그 다음으로 장로(長老) 정체(政體)가 있다. 장로 정체는 한국교회의 지교회를 이끌어 가는 주류를 이루고 있는 치리구조이다. 사실 한국 교회는 다 장로교회라고 말할 정도로 거의 모든 교회가 장로교회이다.

장로 정체는 대의정치 제도로서 교인들의 대표가 회의를 통하여 중의(衆意)를 모아 교회를 이끌어 가는 제도이다.

교회를 그리스도의 몸으로, 그리스도를 교회의 머리로, 교회의 절대 주권은 예수 그리스도께 있음을 전제하며 교회를 움직이는 이 장로 정체의 교회는 최고의 법, 최고의 권위를 말씀(성경)에 둔다. 운영은 교인들의 대표자로 구성된 치리회(당회)가 성경의 원칙을 전제로 한 교회의 법을 따라 교회를 운영하며, 기초 치리회인 당회는 상회(노회 총회)의 감독을 받는다.

장로교회 정치 제도는 사도시대 공의회 제도로서 그리스도를 머리로 하여서 치리회를 통해 거룩한 보편적 교회를 세우는 제도이다. 거룩한 보편적 교회는 회중의 방종과 치리자들의 전횡을 제어하기 위해 성경의 교훈을 근거로 한 교회법으로 세워간다. 따라서 장로교회 제도는 성경을 근거로 한 교회법(헌법)을 기준으로 성도들의 대의를 따라 선택된 대표로 하여금 교회를 운영하는 교회 정치 제도이다. 교회가 감독이나 교황 등 최상위 권력자 한 사람에 의하여 운영되는 것이 아니라 교인을 대표하는 장로, 곧 당회에 의하여 치리나 권징이 행사되고 성례전이 집례되는 교회라는 말이다. 교회 운영을 교인의 대표가 되는 장로들이 담당한다는 의미이다.

장로는 두 가지가 있다. "설교와 치리를 겸한 자"를 목사라고 하고, "치리만 하는 자"를 장로라 한다(헌법 교회정치 제4장 22조 1-2). 목회하는 장로인 목사와, 목사와 협력하여 행정과 권징, 교회의 신령상 관계를 살피며 교인들의 신앙을 지도하고 감독하는 장로에 의하여 운영되는 교회를 장로교회라고 한다. 하나님의 부름 받은 소명으로 목회자가 된 목사와 교인들의 대표로 선택되어 장립한 장로를 통하여 치리와 권징이 행해지는 대의정치 구조로 운영되는 교회라고 할 수 있다. 곧 지교회 운영을 대의정치 구조로 운영하는 교회를 장로교회라고 한다.

그래서 장로교회는 교회의 중요 사항을 교인들의 의사를 반영하여 결정하고 시행한다. 교회의 가장 기본적인 회의로는 교인 전체(무흠 입교인)회의인 "공동의회"가 있으며, 교회 전체 직원(교역자와 제직)으로 구성되어 교회 재정과 사역, 공동의회 결의사항을 시행하는 "제직회"와 목사와 교인대표인 장로로 구성되어 교인들의 신앙과 행위를 살피며 예배, 성례, 교인 관리, 임직, 권징, 부동산을 관리하는 "당회"에 의하여 교회가 운영된다.

구체적인 장로교회의 운영체제를 교회 헌법에서 정한 대로 다음과 같이 설명할 수 있다.

교회는 머리 되신 예수 그리스도께서 그의 지체 되는 교회에 덕을 세우기 위하여 복음을 전하고 성례를 행하며 교인으로 진리와 본분을 준수하도록 하기 위하여 성경말씀을 믿고 따르는 자로 직원을 두어 관리한다.

그리고 교회의 치리는 온 교회가 택하여 세운 대표자로 행사한다 (제2편 정치 제1장 원리 5조). 치리권을 행사한다는 것은 하나님의 명령을 받들어 섬기고 전달하는 것이며, 오직 하나님의 뜻에 따르는 것이다.

2) 지교회의 운영

장로교회의 경우 지교회의 조직과 운영은 대한예수교장로회 헌법 제 2편 정치 규정을 따라 다음과 같이 운영한다. 교회는 그리스도로부터 받은 사명을 다하기 위하여 교회에 직원을 세워서 그 직임을 맡긴다. 교회 직원은 항존직과 임시직으로 나누며, 항존직은 장로, 집사, 권사 이다. 장로는 다시 설교와 치리를 겸한 목사와 치리만 하는 장로로 구 분한다. 임시직으로서의 직원은 임기 1년의 전도사와 서리집사이다. 그래서 목사, 장로, 집사, 권사, 전도사, 서리집사를 교회의 직원이 라고 하며, 각기 직임을 맡겨서 교회를 섬기고 운영하도록 하고 있다.

일반적으로 장로교단에 속한 교회일 경우에는 당회, 노회, 총회 등 3단계의 구조로 된 치리회에 의하여 운영된다. 치리회는 목사와 장로 로 구성되며, 교인으로 하여금 도덕과 영적 사건에 대하여 그리스도 의 법에 복종케 하며, 교회의 평화와 질서를 유지하며, 행정과 권징 의 권한을 행사한다.

가장 기초가 되는 치리회는 지교회의 치리와 권징을 담당하는 당회이고, 그 상위 치리회가 지역별로 30개 당회 이상이 모여서 구성되는 노회이다. 노회에서 파송된 총대로 구성되는 최상위 치리회가 총회이다. 노회는 지역별로 구성되지만 장로교회는 북한에서 피난 와서 통일 될 때까지 존속하는 이북지역의 무지역노회를 예외로 인정하고 있다. 예를 들면, 평양노회, 평양남노회, 평북노회, 함해노회, 용천노회 등이다.

지교회를 치리하는 기초 치리회인 당회는 세례교인(입교인)이 30인 이상이 되는 지교회의 목사, 부목사, 장로 2인 이상으로 조직된다. 당회가 조직된 교회를 "조직교회", 당회가 조직되지 못한 교회를 "미조직교회"라고 부른다.

당회를 대표하는 당회장은 노회가 임명하며 그 교회 시무목사(위임목사, 담임목사)가 된다. 당회장이 결원되었을 때는 노회가 해 지교회 당회원 과반수의 결의(합의 혹은 연명)로 요청한 목사를 임시당회장으로 파송한다. 당회장이 유고할 때, 또는 기타 사정이 있을 때는 당회장이 위임한 자 또는 당회원이 합의하여 청한 자로 대리당회장을 임명하여 당회장직을 대리케 할 수 있다. 대리당회장은 결의권이 없으며, 은퇴목사에게도 이를 맡길 수 있다. 당회가 조직되지 않은 미조직교회의 당회권은 당회장이 행사한다.

당회는 연 2차 이상을 회집하여야 하며, 당회장이 당회를 소집할 필요가 있을 때나 당회원 반수 이상이 당회 소집을 요구할 때, 그리고 상회가 당회 소집을 지시할 때 소집되며 그 직무는 다음과 같다(헌법 제

2편 정치 제10장 68조).

1. 당회는 교인의 신앙과 행위를 통찰하며 세례, 입교할 자를 문답하며 세례식과 성찬식을 관장한다.
2. 당회는 교인의 이명, 세례, 입교, 유아세례 증서를 교부하며 접수한다. 이명증서를 접수한 때는 즉시 발송한 당회에 접수 통지를 해야 한다.
3. 당회는 예배를 주관하고 소속기관과 단체를 감독하고 신령적 유익을 도모한다.
4. 당회는 장로, 집사, 권사를 임직한다.
5. 당회는 각종 헌금을 수집할 방안을 협의하여 실시케 하며 재정을 감독한다.
6. 당회는 노회에 파송할 총대장로를 선정하고 교회 상황을 보고하며 청원 건을 제출한다.
7. 당회는 범죄한 자를 소환 심문하고 증인의 증언을 청취하며 범죄한 증거가 명백할 때는 권징한다.
8. 당회는 지교회의 토지, 가옥 등 부동산을 관리한다.
9. 기타(제직회나 공동의회 직무와 상충되지 않는 범위 내에서) 필요한 사항

그리고 치리회는 아니지만 노회가 지교회를 감독하는 치리권의 협조를 위하여 노회 안에 지역별로 시찰위원회가 있어서 교회를 지도한

다. 물론 시찰회는 치리권이 없다.

다음으로 그리스도의 몸 된 교회에 여러 지교회가(행 6:1-6) 서로 협력하여 교리를 보전하고, 행정과 권징을 위하여 당회의 상회인 노회가 있다. 노회는 일정한 구역 안에 있는 시무목사 30인 이상과 당회(조직교회) 30처 이상과 세례교인(입교인) 3,000인 이상이 있어야 조직되며, 노회원은 노회에 속한 모든 목사와 당회에서 파송한 총대장로이다.

노회의 주된 직무는 노회 구역 안에 있는 각 지교회와 소속기관 및 단체를 총찰하고, 각 당회에서 제출한 헌의, 문의, 청원, 진정, 헌법과 헌법시행규정과 각 치리회의 규칙에 정한 것에 관한 사항을 접수 처리하고, 각 당회에서 제출한 행정쟁송, 소송, 상소 및 위탁재판에 관한 사항을 처리하고, 신학생 및 신학 졸업생을 관리하며, 목사의 임직, 위임, 해임, 전임, 이명, 권징에 관한 사항을 처리하고, 지교회의 장로 선택, 임직을 허락하며, 장로와 전도사의 자격 고시를 한다. 그리고 지교회를 설립, 분립, 합병, 폐지하고 당회를 조직하며 목사 청빙, 전도, 교육, 재정 관리 등 일체 상황을 지도하고 소속 지교회와 산하기관의 부동산을 관리한다.

또한 노회의 상급 치리회이며 교단 최고 치리회로서 총회가 있다. 총회는 각 노회에서 목사, 장로 동수로 파송한 총대목사와 총대장로로 조직되어 소속 각 치리회 및 지교회와 소속기관 및 산하단체를 총찰한다.

총회는 하급 치리회에서 합법적으로 제출한 문의, 헌의, 청원, 행정쟁송, 상고 등의 문제를 처리하며 필요시 교단 헌법을 해석할 전권을 가지고 있고, 노회를 설립, 분립, 합병, 폐지하며 노회의 구역을 정한다. 또한 총회는 목사 자격을 고시하고, 규칙에 의하여 다른 교파 교회와 교류하며, 교회의 분열과 갈등을 관리하고, 성결의 덕을 세우기 위하여 힘쓴다. 총회는 신학대학을 설립하고 경영, 관리하며, 교역자를 양성하며, 선교사업, 교육사업, 사회사업을 계획 실천한다. 그리고 노회 재산에 대한 분규가 있을 때 처리한다.

위와 같이 교회는 3급 치리회를 통하여 교회 운영의 제반 문제를 처리하며 교회가 그 사명을 잘 감당하도록 관리 운영한다.

교회 치리는 목사와 장로로 구성된 당회의 직임이지만, 교회 사역은 집사가 중심이 된 제직회와 제직회 조직인 교회 각 사역 부서가 담당한다. 물론 장로 역시 제직회원이기 때문에 제직회 사역 부서에 소속되어 사역을 하도록 되어 있다. 집사가 주축이 된 제직회와 사역은 아래와 같이 이루어진다.

제직회는 교회 모든 직원(시무목사, 장로, 집사, 권사, 전도사, 서리집사)으로 구성되며, 회의 소집은 회장(당회장)인 목사가 소집의 필요를 인정할 때나 해 교회 제직의 3분의 1의 요청이 있을 때에 소집일 한 주일 전에 광고하여 소집하고 개회성수는 출석수로 하고 결의성수는 과반수로 한다. 제직회 회장은 당연직으로 당회장이 되고, 서기와 회계는 회에서 선정하며, 필요에 따라 부서를 둘 수 있다.

제직회에서 결의할 사항은 ① 공동의회에서 결정한 예산 집행 ② 재정에 관한 일반수지 예산 및 결산 ③ 구제비의 수입, 지출 및 특별헌금 취급 ④ 당회가 요청한 사항 ⑤ 부동산 매매, 그리고 교회 중요 결정이 필요한 사항을 결정한다. 곧 사역과 재정에 관한 건은 제직회의 필수 결의사항이다.

제직회는 사역 기구이다. 그러므로 제직회에 예배, 선교, 교육, 봉사, 친교 등 모든 사역을 위하여 '위원회' 혹은 '부' 등 사역 조직을 구성하고 그 사역을 수행한다. 물론 사역의 중심은 언제나 제직들이다. 제직들이 교회에서 담당해야 할 사역은 교회 전반에 걸친 모든 사역이지만, 특히 사역을 위한 다음과 같은 조직과 그 구성원으로 사역을 담당한다.

한 예로 필자가 섬겼던 신양교회(서울 광진구 자양4동 소재) 제직의 사역 구조가 좋은 예가 될 수 있다. 신양교회의 경우 교회의 사역 구조를 "① 사람을 살리는 사역"과 "② 사람을 세우는 사역", 그리고 사람을 살리고 사람을 세우는 사역의 기반이 되는 "③ 목회지원 사역" 등 3개 사역 구조로 편성하여 각 사역에 제직들이 봉사할 수 있도록 한다. 그 구체적 사역 내용은 다음과 같다.

먼저, 사람을 살리는 사역이다. 이 사역은 복음 사역으로 더 많은 영혼을 구원하여 하나님의 자녀가 되게 하고, 구원받은 성도들을 온전한 믿음의 사람으로 세우고, 거룩한 영성을 함양하여 거룩한 백성으로 살아가게 하기 위한 사역으로 예배와 교회 음악, 영성, 전도 사역이 여기에 속한다.

예배 사역은 주일예배를 비롯한 주일오후예배, 수요예배 등 정기예배와 세례와 성찬 등의 성례전예배, 금요기도회, 새벽기도회 등 각종 기도회, 그리고 교회 각종 절기예배, 기념행사나 예식을 담당하는 사역이다.

교회음악 사역은 성도들의 찬송, 각종 찬양대, 찬양팀, 예배찬양 등 찬양 사역을 말한다.

영성목회 사역은 성도들을 그리스도의 장성한 분량까지 이르도록 영적 성장을 돕고 그리스도의 성품을 닮아가도록 하는 사역이다. 이를 위하여 기도학교, 기도훈련(중보기도훈련), 영성훈련을 하고 또 영성수련회를 통하여 영적 삶을 체험하며, 영성치유센터, 상담센터(아침해가 떠오르는 땅) 등으로 영성을 세우기 위한 전문 훈련으로 사역하고 봉사하는 사역이다.

국내 전도 사역은 성도들이 생명 구원을 위해 국내외 각종 전도 사역자로 쓰임 받을 수 있도록 훈련하고 파송하고 헌신하도록 하는 사역이다. 신양교회의 경우 국내 사역은 주로 사회선교센터를 통하여 제직들로 하여금 봉사하게 하고, 해외선교는 직접 선교사를 파송하여 선교하도록 지원하는 일과 또 여러 간접 선교활동에 헌신하도록 한다.

신양교회의 사회선교는 사회봉사센터를 통하여 태아목회, 하늘꿈 지역아동센터, 청소년 장학사업, 문화센터 사역(아침해가 떠오르는 땅), 경로당 목회 사역, 별세(장례) 목회 사역 등으로 섬기고, 또 광진구청 선교, 군부대 선교 등의 사역을 한다.

교회는 사람을 살리는 사역을 위하여 제직회에 예배위원회, 음영위원회, 선교위원회, 교육위원회, 사회봉사위원회를 두고 사역을 담당하게 한다.

예배위원회는 각종 예배와 행사 등의 안내, 또 성례식 준비, 강단 미화 및 준비, 예배를 위한 중보기도, 예배 홍보, 예배학교 등의 사역을 한다.

음영위원회는 교인들의 찬양 지도, 주일예배를 비롯한 각 예배 찬양대 사역, 찬양팀 운영, 그리고 각종 워십찬양팀 등으로 제직들의 헌신으로 이루어 갈 수 있는 사역이다.

영성위원회는 기도훈련, 영성훈련, 영성치유센터 운영, 아침해가 떠오르는 땅 상담원, 영성수련회, 중보기도, 철원 모닝컴랜드 사역 및 관리 등을 위하여 봉사한다.

선교위원회는 국내외 선교를 위하여 성도들을 훈련하며 각종 선교 사역센터를 섬기고 전도사역실, 특수선교, 문화선교팀, 위클리모닝컴, 장학 사역, 지역아동센터, 천국소망회 등 국내 선교 사역과 선교사 파송, 후원, 관리 등의 해외 선교 사역을 위해 섬긴다. 이 모두가 다 선교위원회 소속 제직들이 섬겨야 할 사역들이다.

또한 사람을 세우는 사역은 신앙교육과 훈련과 돌봄을 위한 사역으로, 먼저는 다음세대를 거룩히 세우는 사역, 그리고 전 교인을 신앙으로 세우는 교육, 훈련 사역이다.

다음세대를 세우는 사역으로서는 하늘꿈학교(주일교회학교) 사역,

곧 아기학교를 비롯하여 학령을 따라 각급 교회학교를 운영하여 기본적인 신앙교육을 시행하고 어린이, 중·고등부 영어캠프, MOSES 주말학교, 하늘꿈 계절학교 등으로 다음세대를 위한 영성훈련을 시행하고, 하늘꿈 만남수련회 등의 극적 체험을 통하여 신앙인격을 세워 나가도록 하는 사역이다.

그리고 성도들을 신앙으로 온전히 세우기 위하여 사역훈련원을 세워 장년 성도들을 교육하고 각종 섬김과 봉사훈련을 시행한다. 신양교회의 경우 특히 MS 4steps을 운영하여 성도들을 온전한 신앙인으로, 또 헌신적 봉사자로 세운다. 여기서 MS는 신양교회(Morning Come Land) 시스템(System)을 말한다. 신양교회 4단계 훈련 시스템이라는 의미이다. 이는 4단계로 운영하며 1단계는 기본과정, 2단계는 신앙의식화 과정, 3단계는 제자화 과정, 4단계는 사역과정이다. 매 과정마다 학습과 훈련, 실천, 극적 경험(만남수련회, 영성수련회, 언약수련회, 헌신수련회)을 하게 하여 성도들을 온전히 세우고 모두가 다 헌신자(獻身者)가 되게 하는 훈련과정이다.

또한 성도들을 효과적으로 돌보고 세우기 위하여 돌봄 시스템(구역목회)을 운영한다. 신양교회의 경우 1교구는 청년 교구로 하고, 장년 교구를 4개 교구로 편성하고, 별도로 노인 교구(6교구)와 새가족 교구(7교구)를 구성하여 제직들이 성도들을 돌볼 수 있도록 한다.

물론 사람을 세우는 사역을 위해서도 제직들이 구역장을 비롯한 각급 직임을 맡아 섬긴다.

사람을 세우는 사역을 위해 교회는 제직회에 교육위원회를 두고 각종 교회교육 사역을 담당하게 하고, 특히 아기학교, 유아, 유치, 유년, 초등, 중등, 고등부 등 하늘꿈학교(주일교회학교) 사역과 하늘꿈 계절학교, MOSES 주말학교, 영어캠프(Let's go to the Bible Land) 등 교육사역을 담당하게 하며, 사역훈련원을 통하여 장년교육(MS 4Steps), 만남수련회, 영성수련회, 언약수련회, 헌신수련회 등 각종 수련회, 각종 교인훈련을 담당하게 한다.

또한 성도들을 신앙으로 세우고 돌보기 위하여 구역회를 두고 구역관리, 구역 지도자 훈련 등을 담당하게 한다. 사실 제직들의 사역 중에서 가장 중요하고 또 필수적인 사역이 바로 구역활동이다. 구역장, 구역교사 등은 교회를 섬기는 제직들의 중요 사역이며 구체적이고 직접적인 제직들의 사역이다.

이처럼 사람을 세우기 위한 교회 모든 사역이 바로 제직들의 섬김과 헌신을 통하여 이루어진다.

다음으로 기초사역(목회지원 사역)이다. 교회의 가장 중요한 사역인 "사람을 살리고 사람을 세우는 사역"을 위하여 위에서 설명한 사역구조로 교회 사역이 이루어지고 제직들이 이를 위하여 헌신하지만, "사람을 살리고 세우는 사역"을 위해서는 이 사역이 효과적으로 이루어지도록 지원하는 사역, 곧 기초사역 역시 중요하다.

기초사역인 목회지원 사역은 목회에 필요한 사무행정, 교회 건물, 시설·비품 관리, 교회 인터넷 서버관리, 음향, 조명, 영상, 그리고 교회 재정 관리, 기획·홍보 사역, 교회 CI 사역, 교회 사료실, 그리고 목회연구소 사역 등의 사역이다.

이를 위하여 교회는 제직회에 관리위원회, 재정위원회, 역사위원회, 기획·홍보위원회, 목회연구소를 두어 목회지원 사역을 한다.

관리위원회는 목회지원실을 통하여 대인응대, 전화응대, 각종 증명서 발급, 예배실 등 각종 시설, 창고 관리, 구역 보고의 수집 및 정리, 주차 관리, 현수막의 탈부착 및 게시판 관리, 서식함 관리, 사무용품 및 각종 비품 구입·보관·관리·공급, 전도물품(전도티슈, 주보 등) 준비, 열쇠함 관리, 복사기 및 프린터와 인쇄기, 스캐너 등 사무용 각종 비품 관리를 하며 재정부 사역을 지원하여 헌금자 명단 전산입력, 목회지원실 및 관리위원회 재정 청구 및 집행 등을 담당한다.

그 외에도 교회일지 기록, 공문서 처리 및 보관, 각종 서식 관리 등의 문서 업무와 각종 인쇄물 제작, 이름표 등 사역에 필요한 물품 제작 지원, 음향 및 영상 지원, 예배시 사용되는 자막 제작, 방송실 사역 지원, 음향 및 조명, 연구소에서 발간하는 월간 "아름다운 사람" 작업 지원, 대외적 용도의 대량 카드나 편지 발송 작업 등 목회 사역 지원을 하고 교적, 각종 데이터(Data)의 업데이트 및 프로그램 관리, 전산교적(디모데) 관리를 한다.

그리고 기획·홍보위원회와 함께 각종 예배 설교 동영상 인코딩 및 업데이트, 목회칼럼 업데이트, 위클리모닝컴 웹진 업데이트, 서버에 위클리모닝컴 JPG와 PDF파일 업데이트, 게시판 관리, 회원 관리,

배너 등 교회 브로슈어 작업, MS 4steps 등 각종 훈련교재 제작 등 제반 업무를 담당하며, 유급의 목회지원실 직원과 봉사자들의 섬김으로 목회를 지원한다.

재정위원회는 교회가 사역을 원활하게 감당할 수 있도록 필요한 재정 수급과 관리와 지원 사역을 담당한다. 주일 및 예배를 통하여 성도들이 드리는 거룩한 예물인 헌금과 각종 헌물의 수지(收支)를 담당하며, 교회 재산(교회, 사택, 기도원 건물과 비품, 금융자산) 등을 관리한다. 공동의회를 통하여 승인된 예산에 따라 정확하고 적절하게 재정을 운영하여 교회 사역이 원활하게 이루어지도록 재정위원회실을 운영하며, 예산안을 입안할 때는 예산위원회를 한시적으로 운영한다.

제직회 역사위원회는 사료실을 설치하여 교회 각종 사료 수집, 정리, 관리를 담당한다. 역대 교회 주보와 중요 문서, 행사 사진 수집 촬영, 보관, 정리 등 교회의 각종 역사 자료를 수집하고 분류하고 정리하여 사료화하는 일을 담당한다.

교회 안에 "목회사역연구소"를 두어 목회 현실 진단, 방향설정, 목회계획, 예배목회자료집 출판, 각종 훈련자료 제작 출판, 월간 모닝컴 편집 및 제작하는 등 목회 사역을 지원한다.

제직회 기획·홍보위원회를 두어 각종 교회 사역과 행사를 기획하고, 특히 지역사회 안에서의 교회 이미지를 바로 세우기 위하여 기업의 이미지통합(Corporate Identity)의 개념을 원용하여 교회 이미지(Church Image)를 높이는 작업을 하고, 교회와 교회 사역을 홍보하여 전도 사역의 기반을 마련한다. 이를 위해서 기획·홍보위원회는 교회 홈페이지, 교회방송국(MCLC-TV), 교회 주보(Weekly Morningcome)를 통해 교회 이미지를 세우고, 또 사회봉사센터, 지역아동센터, 영성치유센터, 철원모닝컴랜드, 신앙효센터, "아침해가 떠오르는 땅"문화센터 등 각종 사회봉사센터 등의 영적 복지 사역을 홍보하며 지역사회에서의 교회 이미지를 높인다.

위와 같이 목회지원 사역을 통하여 교회의 사역과 특히 교역자들의 목회와 당회의 교회 치리와 권징, 그리고 교회 각 기관이나 자치기관의 헌신과 봉사를 효과적으로 지원한다.

교회는 치리와 권징, 그리고 정책을 위한 기구로 '당회'가 있고, 사역을 위한 기구로서의 '제직회'가 있지만 교회 중요사항을 결의하기 위한 교인 전체회의, 곧 공동의회라는 의결기구가 있다.

물론 교회 치리를 위한 중요 정책은 당회에서, 그리고 사역을 위한 필요한 결정은 제직회에서 하지만, 교회의 중요한 의결은 교인 전체회의인 공동의회에서 결정한다. 공동의회 회원은 교회 모든 제직은 물론 등록된 입교인 전체가 회원이고 의결에 참여할 수 있다. 그래서 공동의회는 교회 의결기구 중 가장 중요하고 권위 있는 의결기구라고 할 수 있다.

공동의회 소집과 회의는 ① 당회가 소집할 필요가 있을 때 ② 제직회의 청원이 있을 때 ③ 무흠세례교인(입교인) 3분의 1 이상의 청원이 있을 때 ④ 상회의 지시가 있을 때 당회의 결의로 의장(당회장)이 소집하되 일시, 장소, 안건을 명시하여 한 주간 전에 공고하여 소집한다. 단, 상회의 지시가 있을 때에는 당회 결의 없이도 소집할 수 있다. 공동의회 회원권은 지교회 소속된 18세 이상의 입교인(세례교인)으로 한다. 그리고 공동의회를 한 주 전에 공고했을 경우 개회 정족수는 없고 회집된 회원으로 개회할 수 있다.

공동의회의 의장과 서기는 당회장과 당회서기로 한다.

공동의회의 중요 결의사항은 ① 당회가 제시한 사항, 곧 당회가 제안한 사항 ② 예산 및 결산 ③ 직원 선거 ④ 상회가 지시한 사항 등을 심의하고 의결한다.

중요한 결의사항으로 교회의 설립, 분립, 합병, 폐지 청원 등 교회의 존립과 재산에 관한 안건을 결정하며, 또 교회 예산위원회가 수립하여 당회와 제직회에서 인준한 예산과 결산을 확정 처리한다.

공동의회의 또 하나 중요한 안건은 교회 인사에 관한 결의이다. 공동의회 출석회원 3분의 2 이상의 찬성으로 위임목사 청빙을 결정한다. 담임목사 연임청원의 경우는 당회가 연임청원을 할 수 있지만 여러 이유로 당회에서 결의할 수 없을 때 담임목사 연임청원도 공동의회 출석 과반수로 결정하게 된다. 또 20년 이상을 시무한 위임목사가 은퇴할 때 원로목사 추대 역시 공동의회의 결의를 받아야 한다.

교회를 섬길 장로 선택도 공동의회 투표수의 3분의 2 이상의 찬성으로 장로를 피택하며, 권사, 집사 역시 공동의회에서 투표자 수의 과반수의 찬성으로 선택한다.

20년 이상을 시무한 장로가 은퇴할 때 그 명예를 보존하기 위하여 추대하는 원로장로 추대 역시 공동의회 출석회원 과반수의 찬성으로 결의해야 한다. 직원선택뿐 아니라 불미한 일이 있는 목사, 장로, 권사, 집사의 권고사임 건의 결의도, 권고 혹은 자의로 사임된 장로나 집사, 권사의 복직도 공동의회의 결의를 받아야 한다.

필요시 상회(노회, 총회)의 지시사항 등 중요사항 역시 공동의회의 의결사항이다. 공동의회 결의는 다른 규정에 명시된 사항이 아닌 것은 재석 과반수로 결의하고 인선은 무기명 비밀투표로 한다. 공동의회는 교회의 최고 의결기관으로서 당회나 제직회와 상충된 결의가 있을 경우에는 공동의회 결의를 우선한다.

교회에는 이처럼 정책기관인 당회, 사역기관인 제직회, 결의기관인 공동의회 등 공식적인 교회 조직 이외에도 여러 자치기구가 있고, 제직들은 이 자치기구에도 소속되어 봉사하고 섬기게 된다.

가장 일반적인 자치기구로는 남녀 선교회가 있다. 거의 모든 교단은 이미 한국 초대교회 때부터 이 기구가 조직되고 그동안 한국교회에 많은 영향을 주었고 봉사의 절대적 역할을 감당해 왔다.

교회에서 섬기는 여러 자치기관 중 가장 큰 역할을 하는 자치기구는 남녀 선교회이다. 그중에서도 어느 교회든지 '여전도회'의 활동이 교회의 큰 힘이 되고 있다. 여성 성도들의 자발적 참여와 헌신으로 조직되고 운영되는 여전도회는 선교 초기부터 이름 그대로 '전도'에 크게 공헌해 왔다. 남녀 선교회는 지교회뿐 아니라 노회, 그리고 전국연

합회가 구성되어 노회나 교단 사역에도 크게 쓰임을 받고 있고, 교회 안의 어떤 기구보다 강력한 봉사와 헌신으로 교회를 섬기고 있다. 교회마다 규모가 다르고 또 운영방식이나 공헌도가 다르지만 자체적으로 회칙을 가지고 있고 자율적으로 사역에 참여한다. 교회 규모에 따라 연령별로 혹은 사역별로 여러 개의 남녀 선교회를 조직하고 있다.

그 외에도 교회 안에는 권사회, 안수집사회 등 직분별 자치기구가 있고, 또 교회 어른들의 모임인 "행복누리회", 동아리 형식의 "찬양팀", "문화선교팀" 등 교회 봉사와 전도, 그리고 친교를 위한 여러 자치기구가 조직되어 운영되고, 나름대로 교회 사역과 선교, 그리고 온전한 교회로 세워나가는 데 좋은 영향을 끼치고 있다. 물론 교회 자치기구의 운영 역시 교회 제직들이 주도하고 있고, 거의 모든 교회에 공통된 조직이므로 교단 헌법에는 규정되어 있지 않아도 이미 공식적 교회기구로 볼 수 있다.

3) 교회 공동체에서의 집사의 역할

집사는 하나님의 나라와 지교회의 사역을 위해서 특별히 선택을 받아 구별된 사역자이다. 교회에 여러 직분자, 곧 목사, 장로, 권사, 집사 등이 있으나 이는 교회 안의 어떤 권력 구조나 상하 위계질서가 아니다. 결코 교회 권력의 서열이 아니다. 다만 그 기능의 차이, 곧 직무의 차이일 뿐이지 중요성이나 사명의 경중이 아니며 모두가 다 교회 직원으로서의 품위와 명예에 있어서 동등하다. 그리고 동일한 비중의 사명과 책임, 그리고 중요성이 있다.

특히 유의해야 할 것은 교회의 여러 직분은 교회를 유지하기 위한 수단이나 효과적인 사역을 위해 만든 인위적인 직분이 아니며, 인간들의 필요에 따라 인간의 지혜로 만든 제도가 아니다. 모든 직분은 주님의 몸 된 교회를 온전하게 세우기 위하여 이미 초대교회부터 사도들에게 임하신 성령님의 역사를 통해서 세워진 직분이며, 교회의 오랜 전통을 통하여 거룩하게 쓰임 받은 직분이다. 집사직은 교회 출석의 연조가 깊어지면 누구나 다 받는 값싼 명예가 아니라 하나님의 소명과 성도들의 선택과 교회의 인정을 받아서 세워지는 소중한 직임임을 깊이 새겨야 한다.

중요한 것은 그의 심중에 하나님의 부르심에 대한 소명의식이 있어야 하고, 또 성도들이 그를 선택하여 공교회가 그를 집사로 세웠음을 기억해야 한다. 이런 든든한 소명감과 직분에 대한 사명의식을 가지는 것이 중요하며, 그 직분이 장로이든 권사이든 집사이든 그 기능이나 직임과 무관하게 모두가 귀하고 소중한 직분이다.

집사직은 주님을 머리로 하고 성도들을 지체로 한 주님의 몸 된 교회 공동체가 더 거룩한 그리스도의 몸으로 세워지고 성화되어 주님의 지상명령을 주님의 뜻에 맞게 수행해 가도록 교회를 진정으로 사랑하고 온전하게 세우기 위하여 순종하고 헌신하는 것이 중요하다. 집사는 교회를 온전하게 세우는 기초석과도 같은 존재로서 목회자의 진정한 후원자가 되고 성도들을 돌보는 진정한 봉사자로 서야 한다.

집사는 교회 사역을 위한 중추적인 역할을 담당하며, 사역기구인 제직회원으로 교회 각 사역의 실제적 담당자이다. 목회자들의 목회 후원자와 협력자이며, 교회 재산과 재정의 운영자이며, 사역의 담당자이다. 또한 교회 최고 의결기구인 공동의회의 구성요소인 동시에 교회 내 각급 자치기관의 주도적 운영자이기도 하다. 집사는 교회 사역의 모든 부분에 혹은 책임자로 혹은 협력자로 참여하는 교회 운영의 권리와 책임을 함께 가진 교회의 가장 중요하고 기본이 되는 직분이다. 집사가 온전해야 교회가 온전하고, 집사가 살아야 교회가 살 수 있다. 집사의 헌신이 교회를 교회 되게 하고, 집사의 수준이 교회의 수준이 된다. 교회 공동체 안에서 교회를 온전하게 하는 중심 직분이 바로 집사이다.

한국교회 공동체의 운영에 있어서 아쉬운 것이 하나 있는데 그것이 바로 '집사회'이다. 보완할 필요가 있다고 생각한다. 물론 현재 제직회가 있어서 교회 살림을 총괄하며 제직회원 중에 가장 많은 다수를 차지하는 직분이 집사이므로 제직회를 집사회 정도로 생각하기 쉬우나 실제로는 그렇게 운영되지 못하고 있는 것 같다.

제직회는 교회 직분자 전체회의로 수적 구성은 집사가 압도적으로 다수를 차지하지만, 제직회에는 목사와 장로들이 함께 참여하여 집사들에게 맡겨진 재정이나 사역 등의 일들을 함께 논의함으로 직분적 봉사영역이 명확하지 않다. 또 많은 경우 집사의 의견보다는 치리권을 가진 장로의 뜻이 더 강하게 반영되므로 집사의 기능이 약화되고 집사의 교회 공헌도가 낮아질 수밖에 없는 구조이다.

따라서 당회와는 별도로 교회 운영을 위한 독립된 '집사회'가 공식적으로 인정이 된다면 집사들이 교회의 재정과 사역 등 교회 운영에 더 창조적이고 더 적극적으로 참여할 수 있을 것이다. 그렇게 함으로 교회 공동체에서 집사의 역할이 더 확대되고, 절대 다수를 차지하는 집사들이 교회 사역에 공헌할 수 있게 될 것이다. 실제로 성도들의 신앙적 필요와 지역사회 주민들의 종교적 요구를 집사들이 가장 잘 알 수 있기에 적절하고 효율적 사역 진행에 용이할 것이다.

'집사회'가 조직됨으로 인하여 교회의 치리와 권징은 당회가 관장하고, 재정과 사역은 집사들이 관장함으로 효율성을 높이는 제도가 될 수 있을 것이다. 정책은 당회가 관장하여 공동의회를 통하여 승인을 받고 사역과 재정은 집사회가 관장하여 공동의회의 인준을 받아 집행한다면 교회의 중요 인력과 봉사자들의 헌신도를 높일 수 있을 것이다. 그리고 당회의 결정도, 집사회의 결정도 제직회를 통하여 공유하고 최종 인준을 받아서 같이 시행하는 구조로 운영한다면 교회가 좀 더 효율적으로 운영되리라 생각한다.

6
집사의 삶과 사명

교회에서 가장 많은 직분자가 집사이다. 제직이라고 하면 바로 집사를 의미하기도 한다. 잘못 생각하면 집사는 아무나 되는 것이니까 집사가 되는 것을 소중하고 영광스럽게 생각하지 않고, 그렇다고 중요한 책임을 지는 것도 아니라서 집사직을 소홀히 생각하는 것을 보게 된다. 집사는 특별한 자격을 필요로 하는 것이 아니라 교회를 몇 년 다니면 으레 주는 직분으로 생각하기 쉽다. 실제로 한국교회에는 그렇게 집사가 된 분들도 있을 것이다. 문제는 치리를 담당하는 당회에서조차 이런 생각을 가지고 있어서 직분을 임명하면서도 직분에 대해 철저히 가르치지 않고, 또 사역을 맡겨서 잘 감당하도록 배려하지도 않는 것을 본다. 그래서 성도들이나 직분자 본인조차도 직분의 역할에 대하여 잘 알지도 못하고 알려고 노력하지도 않고 "집사님"으로 불리는 것으로 만족하는 경우가 많다.

근래에 와서는 새해가 되면 제직들의 직임을 임명하고 '제직수련회' 혹은 '제직헌신예배'를 드리지만 형식적인 신년 행사에 지나는 경우가 많다. 제직들을 철저히 훈련시키고 자신이 맡은 직임의 소중성과 직임 수행을 위한 구체적 방법을 배우기보다는 그저 열심히 "봉사하라, 헌신하라, 충성하라"는 일반적인 교훈으로 끝나는 경우가 허다하다. 제직 임명을 위한 자격기준이 성경에도, 교단 헌법에도 명시가 되어 있지만 구체적으로 자신의 교회에서의 직임을 정확히 아는 제직이 많지 않다.

중요한 것은 집사가 되는 것이 아니라 집사로서 사명을 잘 감당하는 것이다. 하나님께서는 직분에 대한 책임을 물으신다. 하나님께서는 다섯 달란트 받은 자에게뿐 아니라 한 달란트 받은 자에게도 책임을 물으셨다(마 25장). 그리고 칭찬도 하셨지만 꾸중도 하셨다. 교회 모든 직분자는 책임의식을 가져야 한다. 제직됨이 자신이나 교회에 축복이 되어야 한다. 교회의 제직됨이 세상의 다른 무엇보다 더 큰 축복이고 자랑거리가 되도록 살아야 한다. 무엇보다 자신으로 인해 교회가 온전히 세워져야 한다. 에베소서 4장 11~12절에는 제직된 사람들의 교회에서의 책임에 대하여 분명하게 가르쳐 준다. 하나님께서 교회 안에 사도, 선지자, 복음 전하는 자, 목사, 교사 등 직분자를 세우신 이유는 "성도를 온전하게 하여 봉사의 일을 하게 하며 그리스도의 몸을 세우려 하심이라"(엡 4:12)고 분명히 말씀하고 있다. 성도를 세우고 교회를 세우라는 말씀이다.

교회 모든 직분자, 안수집사뿐 아니라 서리집사 역시 성도들을 세우고 교회를 잘 세워야 한다. 이 직분을 잘 감당해서 집사의 직분이 자랑스러운 직분이 되게 해야 한다. 집사 스스로의 가치를 높여서 그 직분이 영광스럽게 해야 한다. 자신으로 인해서 교회가 온전해지고, 자신의 사역과 섬김이 자랑스러워지고, 그래서 집사라는 직분이 자랑스럽도록 만들어야 한다.

집사가 되는 사람은 자신이 비록 부족하여도 집사직을 잘 감당하기 위한 철저한 각오가 필요하다. "계획에 실패하면 실패를 계획하는 것이다"라는 말처럼 자신의 직분을 감당하기 위한 철저한 자기 각오와 결단이 부족하다면 이미 실패를 계획하는 것이 된다. 계획은 하나님께 대한 기대이고 하나님이 자신을 통하여 이루어 주실 비전이다. 집사는 "이런 일을 하겠다"라고 생각하기보다는 "이런 일을 하게 해 주십시오"라고 기도하는 마음으로 사역에 임해야 한다. 일반적으로 보면 마음에 간절한 소원을 품고 열망을 가지면 그렇게 되어가게 된다. 그래서 하나님의 교회의 일을 맡은 자로서 단순한 일꾼이 아니라 사명자의 삶으로 자신을 그리기 위하여 그 일에 대한 진정한 열심과 헌신의 계획을 가질 필요가 있다.

집사가 성직자(聖職者)는 아니지만 집사직은 성직(聖職)이다. 성직자는 아니지만 성직을 수행하는 사람이다. 따라서 집사는 교회에서 그 직분을 수행하는 기능뿐 아니라 그의 품성이나 삶 자체가 집사로서 부족하지 않아야 한다. 집사는 교회에서만이 아니라 그의 삶의 현장에서도 집사여야 하고 집사가 될 뿐 아니라 집사로 살아야 한다. 집사는 교회가 세상에 파견한 '빛'이며 '소금'이다. 집사는 어두운 동네 중간중간에 세워 놓은 '가로등'이라고 할 수 있다. 사람들이 길을 잃어버리지 않도록 길을 비춰 주는 동네에 세워진 등불이라고 할 수 있다. 세상 사람들 역시 교회 집사는 세상에서도 집사로 살아주기를 기대한다. 교회에서보다 세상사람들이 '집사'에게 더 많은 기대를 하고, 집사를 성도들보다 더 거룩한 사람으로 인정한다.

집사가 거룩하게 살아가는 것은 집사의 미덕이 아니라 집사의 존재방식이다. 믿음의 열매라기보다는 믿음의 본질이라고 할 수 있다. 그래서 집사의 거룩한 품성은 교회에서의 사역의 기능이나 직무를 위해서만 아니라 그의 일상적인 삶에서도 나타나는 거룩한 품성(品性)이어야 한다. 집사의 거룩한 품성은 교회에서 사역을 담당하는 기능적인 역할을 위해서도 중요하지만 거룩한 품성이 그의 인격이어야 하고 직무를 행할 수 있는 그의 삶의 방식이어야 한다. 집사는 기능 수행을 위한 능력보다는 근본적인 그의 인간됨의 문제가 더 우선한다. "좋은 나무라야 좋은 열매를 맺을 수 있다"(마7:17-18 참조)고 하신 예수님의 말씀처럼 먼저 그 자신이 좋은 집사가 되어야 좋은 집사로서 좋은 사역을 감당할 수 있기 때문이다. 그러기 위해 집사는 먼저 그의 삶의 목적과 그의 삶의 방법이 집사로서 합당하게 정립되어야 한다.

1) 생존을 위한 삶보다 사명을 위한 삶

필자가 어릴 때에 교회 어른들에게 아주 많이 듣던 말이 있다. 지금도 이 말이 나 스스로를 독려하는 교훈으로 남아 있다. "왜 사느냐? 먹으려고 사느냐, 살려고 먹느냐?" 하는 말이다. 지금 우리 주변에서 흔히 하는 말로 "왜 사느냐? 삶의 목적이 뭐냐?" "생존을 위해 사느냐? 사명을 위해 사느냐?"라는 말로 대치될 수 있을 것이다. 참으로 중요한 물음이다. 아무 생각 없이 의미 없이 사는 삶이 아니라 삶의 분명한 목적을 가지고 살아가야 한다는 말이다. 성경말씀대로 하면 향방 없이 달음질하지 말아야 하고 허공을 치는 싸움은 하지 말아야 한다는 말이다(고전 9:26). 아무리 열심히 달려가도 목적지가 없이 달려가서는 안 되고, 아무리 열심히 일해도 허공을 치는 일을 해서는 안 된다는 뜻이다. 그것이 단순히 아이들 놀이 이야기거나 어른들의 스포츠 경기 이야기 정도라면 몰라도 그것이 한 사람의 '인생'이라면 그건 심각한 문제일 것이다.

사람이 살아가려면 왜 사는지, 삶의 목적이 무엇인지, 어디로 향해 달려가고 있는지를 확실히 알아야 한다. 특히 믿음의 사람, 교회 지도자들의 삶이야말로 삶의 분명한 목적은 사역의 종류만큼이나 중요하다. 아마 삶의 목적은 한 사람의 삶을 믿음으로 보는 가장 중요한 기준이 될 것이다. 하나님의 사람은 삶의 목적이 분명해야 하고, 그 삶의 목적은 거룩한 것이어야 한다. 분명하고 거룩한 삶의 목적이 있어야 그 삶을 온전하게 하기 위한 삶의 방법이 결정되기 때문이기도 하다. 사람들은 곧잘 삶의 목적보다는 삶의 방법을 우선하기 쉬우나 하나님의 사람들의 삶은 먼저 그의 삶의 목적이 우선적으로 고려되어야 한다. 목적이 수단을 정당화할 수는 없지만 목적이 거룩하면 수단 역시 거룩할 수 있다.

가장 중요한 것은 집사들의 삶은 "생존을 위한 삶이 아니라 사명을 위한 삶"이어야 한다는 것이다. 삶의 목적이나 살아가는 이유가, 더 많은 것을 가져야 하고, 더 많은 것을 알아야 하고, 더 많은 능력이 있어야 하는 자신의 생존을 위한 도구로서가 아니라 사명을 위한 도구가 되어야 한다. 집사는 거룩한 교회 공동체를 이끌어 가는 교회의 직원이다. 교회 헌법은 집사를 교회를 섬기는 직원으로 규정하고 있다 (예장 통합 헌법 제2편 정치 제4장 21조 1항). 그래서 집사가 된다는 말은 교회의 직원이 된다는 말이다. 교회 직원이 된다는 말은 그의 본분이 교회를 섬기는 것이라는 말이다. 그러므로 그가 맡은 교회를 섬길 책임을 위한 확실한 사명감을 가져야 하고 삶의 분명한 목적을 가지고 있어야 한다.

교회를 섬기는 봉사자로서의 교회 직원은 보상을 위해 일하는 직원이 아니라 헌신하겠다는 결의를 전제로 자원하여 교회 직원이 되어서 교회를 섬기기 때문에 근본적으로 집사의 삶은 생존을 위한 삶보다 사명을 위한 삶을 사는 사람이다. 집사뿐 아니라 모든 성도들의 삶은 생존 자체에 목적이 있는 것이 아니라 다 사명을 위해 살아가는 사람들이지만 특히 집사는 그 사명을 위한 삶을 결단한 사람이어야 한다.

하나님께서는 하나님의 사람들의 삶이 단순히 생존 그 자체보다는 하나님으로부터 받은 사명을 따라 살아가기를 원하신다. 실제로 하나님께서 기억하시고 인정하시는 인간의 삶은 단순한 생존을 위한 몸부림보다는 사명을 위한 삶을 귀히 여기신다.

우리는 성경에서 수많은 사람들의 삶의 기록을 읽는다. 그런데 성경에 나오는 많은 사람들의 삶의 기록의 특징은 몇 살을 살고 무엇을 하고 얼마나 많은 실적을 남겼든지 생존을 위한 삶의 기록은 없다. 몇 살을 살고 무엇을 하고 얼마나 많은 능력을 가졌는가보다는 그것을 가지고 어떤 사명을 감당했는가에 관한 기록이다. 곧 모두가 다 사명을 위한 삶의 기록들이다. 하나님께서는 사람들의 생존을 위한 삶이 아니라 사명을 위한 삶을 중히 여기신다. 그가 얼마나 탁월한 능력이 있고 자신의 생존을 위하여 아무리 큰일을 했다고 해도 그의 능력과 시간과 소유를 통한 그의 삶이 단지 자신의 생존을 위한 삶이었다면 성경은 그런 삶에 대하여는 기억하지 않는다. 하나님께서는 비록 부족하고 문제가 있어도 한 사람의 생애를 사명을 위해 드린 것만 기억하고 계신다는 것을 알 수 있다.

예를 들면, 믿음의 조상 아브라함의 기록에서도 성경은 그가 하나님의 부르심을 받고 하나님의 명령을 따라 그에게 주어진 사명을 위해 살았던 일만 기록하고 있다. 그가 하나님의 부르심을 받기 이전의 삶에 대하여는 침묵한다. 그가 어떤 공부를 했고, 어떤 능력이 있고,

어떤 경력이 있는지에 대하여 성경은 무관심하다. 다만 그가 부름 받은 이후의 사명을 위한 삶에서는 비록 실수를 하고 부족한 삶까지도 다 기록하고 있음을 본다. 인간에 대한 하나님의 관심은 그의 사명을 위한 삶일 뿐이다.

그것은 모세의 경우에도 마찬가지이다. 그가 공주의 아들이 되어 궁중에서 자라는 동안 어떤 공부를 하고 어떤 특기가 있었는지, 그가 어떤 통치 훈련을 받고 어떤 전쟁 기술을 배웠는지에 대한 기록은 없다. 다만 호렙산 가시떨기 불꽃 가운데서 부름 받은 이후의 삶에 대해서만 기록하고 있다. 성경은 그가 사명으로 살았던 삶만을 기록하고 있다.

신약시대의 베드로나 바울, 성경에 기록된 수많은 사람들이 무엇을 가졌고 어떤 능력의 소유자인가보다는 그들이 하나님의 영광과 뜻을 이루기 위해서 무엇을 했는가에 대하여는 성경의 관심이지만 그들의 생존을 위한 삶에 대하여는 철저히 침묵하고 있다.

오늘 우리의 삶에도 그렇다. 하나님께서는 우리가 얼마나 많은 것을 배웠고, 얼마를 가졌는지, 어떤 능력이 있고, 무슨 자랑거리가 있는지에 대하여는 관심이 없으시다. 다만 우리가 하나님의 부르심에 어떻게 응답하였고, 자신에게 주어진 삶의 여건에서 자신의 소유나 능력을 가지고 하나님의 영광을 위하여 자신에게 주신 사명을 감당하기 위해 무엇을 어떻게 얼마나 했는가에 대하여 관심을 가지신다.

교회 직원으로서의 집사의 삶은 기본적으로 생존을 위한 삶이 아니라 사명을 위한 삶이어야 한다. 집사가 되어서 가장 우선적으로 준비해야 할 것은 바로 자신의 삶이 단순한 생존을 위한 삶이 아니라 사명을 위한 삶이어야 하고, 하나님이 주신 자신의 모든 소유와 능력을 자신에게 주신 사명을 위하여 어떻게 사용할 것인가에 대하여 분명한 태도를 가져야 한다.

집사는 중직자로서의 자기 정체성을 가지고 하나님께서 자신을 집사로 세우신 뜻을 잊지 말고 순종의 삶을 살아야 한다. 하나님께서 성도들을 성숙한 신앙인으로 세워 나가기 위해 자신을 집사로 세워 주셨다는 사실을 기억해야 한다.

2) 생존의 수단을 사명의 수단으로

집사가 교회 직원으로서의 사명자의 삶을 살기 위해서는 우선적으로 자신의 삶을 바로 정립해야 한다. 자신이 누군지, 하나님께서 자신에게 주신 사명이 무엇인지, 그 사명을 위해 자신의 인생을 어떻게 사용할 것인지에 대한 자기 정리가 있어야 한다. 그것은 예수님을 믿는 신앙의 목적과 직분을 받아 직분을 감당하는 자신의 인생의 목적을 바로 정리하는 것이기도 하다. 자신이 매일 분주하게 살아가는 삶의 목적이 무엇인지 모르고 사는 사람은 없을 것이다. 그리고 집사는 생존 그 자체가 삶의 목적은 아닐 것이다. 사명을 감당하기 위하여 생존해야 하지만 생존 그 자체가 목적일 수는 없다.

중요한 것은 교회 직원으로 부름 받은 집사의 삶은 생존만을 위한 삶이 아니라 사명을 위한 삶을 살아야 하고, 지금까지 생존의 수단으로 생각하며 살았던 모든 것을 사명의 수단으로 바꾸어야 한다. 집사는 그의 모든 개인적 삶에서도 하는 일들이 사명을 위한 일들로 생각하고 그렇게 살아야 한다. 모든 삶, 일상생활이나 단순한 생업까지도 사명을 위한 사역의 기회로 삼아야 한다. 그래서 자신의 삶의 현장을 사역의 현장이 되게 해야 한다. 자신의 직업(직장)이 어떤 것이든 자신의 사회적 지위를 보장해 주고 위상을 높여 주는 직업일지라도 그것은 단지 삶의 수단이지 목적이 아님을 명심하고, 그것을 사명의 수단으로 사용할 수 있어야 한다. 분명한 삶의 목적을 가지고 살아야 한다는 말이다. 이 땅에서의 모든 소유와 능력, 지위와 기회는 다 사명을 이루도록 하나님이 허락하신 것임을 알고 삶의 수단을 통하여 사명을 이루어 가야 한다.

　예수님 역시 이 땅에서의 모든 삶을 사명을 위한 삶으로 사셨다. 그의 삶이, 그의 말씀이, 그가 베푸신 기적이 모두 사명을 위함이었다. 그리고 고기를 낚는 어부 베드로를 불러 사람을 낚는 어부로 살게 하셨다. 생존을 위해 살던 베드로를 사명을 위해 살도록 하신 것이다. 그것은 모든 사람이 다 그물과 배를 버려두고 전도자의 길을 가라는 말씀은 아니다. 사명을 위해서 생의 현장을 떠나라는 말이 아니라 삶의 현장을 사명의 현장으로 만들라는 말이다.

　하나님의 일이나 사명을 위한 일은 일의 종류나 일의 장소에 따라 결정되는 것이 아니라 일의 태도와 목적에 따라 결정된다. 비록 교회에서 예수님의 이름으로 하는 일일지라도 그것이 자신의 위상을 높이고 자신의 영향력을 넓히려는 데에 목적이 있다면 그것은 자신의 생존을 위한 일이 되지만, 생산 공장에서 전자제품 하나를 조립하는 단순 노동을 할지라도 그것을 하나님을 영화롭게 하기 위한 목적으로 한다면 그것이 주님의 일이요 사명으로 하는 일이 된다. 동네 구멍가게에서 라면 한 봉지를 팔아도 그것이 자신의 생존을 위한 목적으로 자신의 소득을 높이기 위한 일이라면 그것은 세속적인 일이지만, 라면 한 봉지를 통해서도 이웃에게 봉사하고 돕고 하나님을 영화롭게 하는 것이 목적이라면 그것이야말로 거룩한 일이 된다. 그래서 성(聖)과 속(俗)은 일의 종류나 장소에 따라 결정되는 것이 아니라 그 마음의 태도에 따라 결정된다.

집사의 직장과 직업은 생존의 수단이 아니라 사명의 수단이다. 하나님께서 지혜와 능력을 주시고 자리와 기회를 주신 것은 단순한 생존의 기회가 아니라 사명의 기회임을 기억해야 한다. 뛰어난 지능과 지혜가 있다면, 남보다 크고 많은 능력이 있다면, 높은 지위와 권한이 있다면 그건 자신만이 누리도록 주신 특권이 아니라 그것 자체가 바로 사명임을 기억해야 한다. 하나님께서 사명을 위해 그에게 주신 것이기 때문이다. 사회적 지위가 높을수록, 가진 능력이 크고 소유가 많을수록 그의 사명의 크기도 높고 많음을 알아야 한다. 자신의 기회를 자신만을 위해 사용하는 것이 바로 교만이다. 겸손히 자신의 기회를 하나님을 위해 사용해야 한다.

3) 마땅히 할 일을 하라

중요한 것은 집사의 삶도 시간과 공간의 한계 안에 있는 유한한 존재라는 깨달음이다. 봉사에 대한 열정과 헌신의 결단이 아무리 커도 그가 봉사할 수 있는 시간과 공간은 무한하지 않다. 집사는 교회 봉사만이 아니라 자신의 삶, 책임질 가정, 그리고 종사할 생업이 따로 있고 사회적 책임 역시 잘 감당해야 한다. 사실 우리 모두가 다 경험하는 바이지만 우리의 인생 여정에서 할 수 있는 일이나 시, 공간은 참으로 짧고 유한하다.

그래서 지혜로운 삶을 위해서는 본질적인 것과 비본질적인 것을 구별하고 일의 중요성이나 가치, 그리고 자신의 능력의 한계와 가능성을 생각하여서 삶을 선택하여야 한다. 모든 사람들이 그렇듯이 집사 역시 하고 싶은 것 다 하고, 가고 싶은 곳 다 가고, 놀고 싶은 대로 다 놀고, 갖고 싶은 것 다 가질 만큼의 시간도 능력도 소유도 없을 것이다. 따라서 중요한 것은 자기 삶을 신앙적 가치를 따라 꼭 해야 할 일을 하는 지혜가 필요하다.

세상에는 꼭 해야 할 일이 있고 그렇지 않은 일도 많다. 성도들이 기도를 하고 예배를 드리는 일, 전도하는 일이야 꼭 해야 할 일이지만 놀러 다니는 일은 안 해도 되는 일이다. 직장인이 출근을 하는 일이야 꼭 해야 할 일이지만 여행을 가고 오락실을 가고 노래방을 가는 것은 하지 않아도 되는 일이다. 사람이 돈을 써도 세금을 내고 자녀의 교육비를 지출하고 헌금을 드리는 일이야 꼭 써야 할 돈이지만 쓰지 않아도 될 돈도 많다. 세상 모든 사람이 시간도 능력도 건강도 소유도 다 유한하기에 지혜로운 사람은 이 모든 것을 바로 써야 한다. 어떻게 쓰는 것이 바로 쓰는 것인가? 그 표준이 바로 "마땅히 할 일"이다.

교회를 섬기는 집사로 부름 받은 사람들 역시 자신의 유한한 시간과 소유와 능력으로 하지 않으면 안 될, "꼭 해야 할 일"을 해야 한다. 사도 바울의 표현을 빌리면 "부득불 할 일"(고전 9:16)인가 아닌가를 찾아서 집사로서 부득불 하지 않으면 안 되는 "꼭 해야 할 일"을 위하여 자신의 시간과 능력과 소유를 사용해야 한다. 사람들은 무용한 일을 위하여, 쓸데없는 일을 위하여 시간과 소유와 능력을 허비함으로 인생을 낭비하는 경우가 참으로 많다. 이런 삶은 참으로 어리석은 삶이다.

집사는 일상생활에서 자신에게 주어지는 여가, 여유, 돈, 능력을 마땅히 행할 일을 하는 데에 사용해야 한다. 쓸데없는 일, 부득불 하지 않아도 될 일을 위하여 자기 인생이나 소유를 낭비하지 않아야 한다. 참으로 중요한 가치 기준이나 자신의 모든 것을 가지고 "마땅히 할 일"을 하는 것이 집사의 삶이요 사명이다. 마땅히 할 일은 자신이 할 수 있는 일이고 해야 하는 일이다. 임마누엘 칸트(독일, 1724-1804)의 말처럼 마땅히 할 일은 우리가 "해야 할 일이기 때문에 할 수 있는 일

(You can do it because you should do it.)"이다. 쓸데없는 일로 인생을 낭비하지 말고 무익한 일로 거룩한 직분을 낭비하지 말고 마땅히 해야 할 일을 할 수 있어야 한다.

7
집사의 교회생활의 정체성

1) 교회 직원으로서의 정체성

집사는 "나는 교회의 직원인 집사이다"라는 정확한 정체성이 있어
야 한다. 자신이 교회 직원인 집사로 부름 받은 소명에 대한 정확한 정
체성으로 하나님과 교회와 성도들 앞에 신앙적 삶의 모범을 보이는 삶
을 살아야 한다.

교회 직원으로서의 중요한 정체성은 거룩한 하나님을 경외(敬畏)하
는 믿음이 전제되어야 한다. 오랫동안 교회생활을 한 사람들의 치명적
인 약점은 교회나 목회자, 그리고 예배에 너무 익숙하여 긴장감이 없
어서 때로는 그 처신이 경박해질 위험이 있음을 기억해야 한다. 사람
들은 물론 하나님도 안 무서워하는 당돌함이 생길 위험이 있다. 교회
당에 처음 들어오는 초신자라면 하나님께 드리는 예배나 교회당과 예

배 순서 등에서 긴장감이나 경건함이 있지만, 교회생활에 익숙한 사람의 경우 그런 긴장감 없이 교회봉사를 하고 예배를 드리고 하나님도 안 무서워하는 사람이 될 위험성이 있다. 하나님을 경외한다는 말은 하나님을 두려워한다는 의미이지만 너무 익숙해서 그런 경외심이 없이 예배를 드리고 살아갈 위험이 있다는 말이다. 신앙인이 하나님을 두려워하기만 해도 문제이지만, 근본적으로 교회 지도자들은 언제나 자신이 하나님 앞에 있다는(Coram Deo) 경외심이 있어야 한다. 하나님 앞에 우리가 너무 부족하기에 늘 두려운 마음을 가져야 한다. 그래서 집사는 언제나 하나님 앞에서의 자신의 정체성을 잊지 말아야 하고 하나님을 경외함으로 섬겨야 한다.

자신이 교회 지도자라는 정체성을 가지기 위하여 중요한 것은 먼저 그의 가치관이 영적이어야 한다. 자신이 '지도자'라는 의식은 자칫 세속적 의미의 지도자적 가치로 남을 통제하고 지휘하는 권한을 가진 사람으로 생각하는 잘못된 자부심을 가지고 남에게 군림하거나 과시하게 될 위험도 있다. 따라서 교회 지도자의 가치관은 영성적 가치를 따라 섬기는 지도자여야 한다.

교회의 최고 가치는 물질적 가치가 아니라 영적 가치이다. 교회는 영적 공동체이다. 교회도 물리적 공간이 필요하고 또 사람들로 구성된 조직이 필요하고 사역을 위해서는 물질이 필요하다. 그래서 교회당도 있어야 하고 성도들도 많아야 하고 재정도 풍부해야 하고 조직도 튼튼해야 한다. 그럼에도 교회는 사람들의 목적이나 사람들의 관계로 움직여지는 사회단체가 아니라 성령의 역사 안에서 영적 메커니즘, 곧 "성령의 생명의 법"에 따라 움직여지는 영적 공동체이다. 교회는 예수님을 머리로 한 예수님의 몸이며 그 지체들의 공동체이기 때문이다.

그러므로 교회는 성령의 역사에 지배되며 영적 능력으로 역사를 이룬다. 교회는 세상에 존재하지만 세상에 속한 공동체가 아니라 하늘에 속한 영적 공동체이다. 또한 교회는 영적 가치를 최고의 가치로 여긴다. 교회는 이 땅에서 물질적 성공이나 풍요를 구하는 공동체가 아니며 그것을 위하여 움직이는 공동체가 아니다.

교회의 일차적 관심은 영적 관심이다. 교회는 성도들의 물질적 성공을 위해 존재하지 않고 교인들의 영성을 세워 주기 위하여 존재하며, "이 땅"이 아니라 "그의 나라와 그의 의"를 구하는 공동체이다. 오늘날 교회의 가장 무서운 타락은 영적 축복보다 현세적, 물질적 축복에 더 큰 관심을 가지는 기복적 신앙으로 흐르는 것이다. 교회는 성도들의 신앙을 강화시키고 영성적 삶을 살도록 가르치고 돕고 이끌어가야 한다. 따라서 제직들의 중요 관심도 교인들의 영성을 어떻게 세워갈 것인가에 있어야 하고, 교회 사역의 우선적인 목적이 바로 영적 가치를 세우는 것이어야 한다. 교회당을 넓히고 수적 성장을 통하여 대형교회를 이루고 방대한 사역을 통하여 교회의 사회적 영향력을 확대하는 것이 제직의 주된 관심이 아니라, 성도들을 영적으로 바로 세우고 거룩한 성품으로 온전케 하는 것이 주요 관심이 되어야 한다. 좋은 교회, 큰 교회는 영적으로 바로 선 교회이다. 교회는 성령의 공동체이기 때문이다.

그러므로 교회 직원인 집사의 삶은 언제나 "성령의 생명의 법"을 따라 사는 삶이어야 한다. 우리가 세상을 살아가면서 참으로 답답한 것은 내 삶이 내 마음대로 되지 않는다는 것이다. 남의 마음이야 내 마음대로 할 수 없는 것이 당연하고 남의 마음을 내가 마음대로 해도 안 되겠지만, 문제는 내 마음도 내가 마음대로 할 수 없다는 데에 있다.

내가 내 마음을 내 마음대로 못한다는 것은 참으로 안타깝다. 더욱 안타까운 것은 자신의 생각조차 자신의 판단과 가치를 따른 자기 생각이 아니라 매스미디어가 넣어준 생각을 자신의 생각인 줄로 착각하며 살고 있고, 때로는 자신이 속한 집단이 만들어 준 사고를 자기 생각으로 착각하는 집단 사고에 빠져 버릴 때도 많이 있다. 깊이 생각해 보면 자신의 정치의식이나 가치관이 바로 남이 갖다 넣어준 것을 자기 것으로 착각하고 살아가는 경우가 많으며, 때로는 남의 생각을 내 생각인 줄 착각하고 따라가는 경우도 있다.

성도들은 시시때때로 "내가 예수님을 믿으니 남을 사랑하며 살아야지"라고 결심은 단단히 하지만 자기도 모르게 미움에 사로잡혀 있고 분노에 지배를 당하고 있는 자신을 발견하곤 한다. 사도 바울의 말대로 자신이 원하는 바 선은 행하지 않고, 원치 않는 악을 행하는(롬 7:19) 자신을 발견하게 된다. 잘 믿어보려고 결심하고, 새롭게 출발하고, 이대로는 안 된다는 생각으로 시작하였는데, 정신을 차려 보면 여전히 죄악의 깊은 수렁에 빠져서 헤어 나오지 못하는 자신을 발견하게 된다. 열심히 달려왔는데도 그냥 그 자리에 있고, 수련회니, 성경 묵상이니 나름대로 노력해서 어느 정도 영적 능력을 쌓은 것 같은데 어느 날 갑자기 무너지는 자신을 발견한다. 예수님을 믿고 나서 이제는 죄는 그 모양이라도 버리고 살면 좋겠는데 예수님을 믿어 구원받았지만 여전히 실수하는 자신을 발견한다.

왜 자기 마음을 자기 마음대로 못하는가? 그것은 자신이 나 아닌 다른 어떤 것에 지배받고 있기 때문이다. 세상의 모든 것들은 다 각자의 생존 방식이 있고 삶을 만들어 가는 스스로의 행동 원리가 있다. 살아가는 방법, 곧 존재방식이 따로 있다는 말이다. 식물은 식물이 살아가는 법이 있고, 동물은 동물이 살아가는 방법이 있다. 사람은 사람이 살아가는 방법이 있다. 기차는 철길로 달리도록 만들어졌고, 자동차는 아스팔트길을 잘 달리도록 만들어졌다. 사람도 마찬가지이다.

사람은 영의 법칙에 의하여 존재한다. 인간의 존재방식은 영적 원리에 따라 존재한다. 사람의 행동과 언어, 그리고 생각은 자기 영에 의하여 움직인다. 자신의 행동이나 언어나 생각까지도 자신의 심령에 의하여 움직여진다는 말이다. 인간은 영적 원리에 의하여 움직이는 영적 존재이다.

인간은 육신의 몸을 입고 이 땅에 산다. 그러나 인간은 단순히 육신만 가진 동물적 존재가 아니라 영혼을 가진 영적인 존재이다. 동물적 존재로 이 땅에 존재하지만, 동시에 인간은 하나님의 형상으로 창조된 영적인 존재이다. 그래서 끊임없는 동물적 본능에 지배되기도 하고, 한편 영적 자아가 자신을 지배하려고 하기도 한다. 그런데 문제는 그 영적 자아가 하나님의 영에 지배(생명의 성령의 법)를 받는 사람이 있고, 악한 영에 지배(죄와 사망의 법)를 받는 사람도 있다. 그러므로 사람은 사실 그가 어떤 법에 지배를 받는가에 따라 그 행동과 언어와 삶의 목적과 방법이 서로 다를 수밖에 없다.

그 마음을 움직이는 영적 원리가 그의 언어, 행동을 지배한다. 컴퓨터가 그 안에 들어 있는 운영체제에 따라 움직이듯이 인간은 영에 의하여 지배되기 때문에 그 영이 어떤 법칙에 따라 움직여지는가에 따라 그 사람의 인생이 좌우된다.

우리가 늘 경험하듯이 우리는 내 마음대로 사는 것이 아니라 내 안에 들어 있는 영에 따라 살아간다. 성경은 "육신을 따르는 자는 육신의 일을, 영을 따르는 자는 영의 일을 생각하나니 육신의 생각은 사망이요 영의 생각은 생명과 평안이니라"(롬 8:5-6)고 말씀한다. 이 말씀은 "육신을 따라 사는 사람은 육신에 속한 것을 생각하나, 성령을 따라 사는 사람은 성령에 속한 것을 생각한다"는 말씀이다.

인간은 원래 하나님의 형상으로 창조된 존재이다. 하나님의 창조는 완전하였고, 인간은 스스로 행할 수 있는 자유의지를 가진 책임적인 존재였다. 원하는 선을 행할 수 있고, 원치 않는 악을 행하지 않을수 있는 존재였다. 그러나 인간이 범죄하여 타락함으로, 곧 하나님의 형상을 상실함으로 인간은 죄와 사망의 법에 얽매이게 되었다. 창세기 6장 3절은 그것을 "인간이 육체가 되었다"(개역개정판은 육신이 되었다로 번역)고 표현한다. 하나님의 형상을 닮은 영적인 존재였던 인간이 육적인 존재, 곧 동물적인 존재가 되었다는 말이다. 육체가 되었다(육신이 되었다)는 말은 우리 몸이 물질로 이루어졌다는 의미가 아니라 하나님의 형상을 상실한 동물적인, 짐승처럼 본능의 법칙을 따라 살게 된 존재라는 의미와 그 심령이 하나님이 아닌 악한 영에 의하여 지배되는 악한 영의 법 아래 있는 존재가 되었다는 의미이다. 우리 인간은 육신을 가지고 있다. 그래서 육신의 욕구가 우리 삶을 지배하려고 한다. 육신의 욕구는 본능적인 욕구이다. 원하는 선이 아니라 원치 않는 악을 행하는(롬 7:19) 곤고한 존재가 되었다.

생각의 수준이 그 사람의 인격의 수준이다. 무엇을 생각하느냐에 따라 그 사람이 어떤 사람인가가 결정된다. 사람의 인격이란 그가 생각하고 말하고 행동하는 것으로 결정된다. 잠언 23장 7절에 보면 "대저 그 마음의 생각이 어떠하면 그 위인도 그러한즉"이라고 말씀하고 있다. 그 위인이라는 말은 그의 사람됨, 인격을 말한다. 이사야 32장 8절에는 "존귀한 자는 존귀한 일을 계획하나니 그는 항상 존귀한 일에 서리라"고 하였다. 개역한글성경에는 "고명한 자는 고명한 일을 도모하나니 그는 항상 고명한 일에 서리라"고 했다.

중요한 것은 하나님의 사람들은 이 육신의 법에서 해방되었다는 것이다. 로마서 8장 1절 이하에서는 이렇게 말씀한다.

"1 그러므로 이제 그리스도 예수 안에 있는 자에게는 결코 정죄함이 없나니 ² 이는 그리스도 예수 안에 있는 생명의 성령의 법이 죄와 사망의 법에서 너를 해방하였음이라 ³ 율법이 육신으로 말미암아 연약하여 할 수 없는 그것을 하나님은 하시나니 곧 죄로 말미암아 자기 아들을 죄 있는 육신의 모양으로 보내어 육신에 죄를 정하사 ⁴ 육신을 따르지 않고 그 영을 따라 행하는 우리에게 율법의 요구가 이루어지게 하려 하심이니라"

성도는 이제 죄와 사망의 법에서 자유한 사람이다. 더욱 집사는 "죄와 사망의 법"에서 자유하여 "생명의 성령의 법"에 의하여 살아가는 고상한 사람이 되었다. 스스로 자신은 "생명의 성령의 법"에 따라 사는 "새로운 피조물"이라는 자아 정체성이 필요하다. 새 사람이 된 존재라는 확신을 가져야 한다. 그것이 집사의 정체성이어야 한다. 육신의 일을 따르는 동물적이고 악마의 지배를 받는 존재가 아니라 거룩한 존재가 되었다는 확신을 가져야 한다.

문제는 예수님을 믿고 집사가 되었어도 그의 삶이나 언어, 행동, 사고방식에서 아직도 죄와 사망의 법에 지배되고 있거나, 믿음의 확신을 가지고 마음으로 믿고 입으로 시인하여 구원을 받았음에도 불구하고 아직도 '옛 습관'을 벗어버리지 못하고 있다면 진지하게 자신의 믿음을 다시 점검해 보아야 한다. 믿음의 확신에도 불구하고 실수하고 실패한다면 그것은 아직도 자신에게 잔존하는 습관 때문임을 자각하고 스스로를 훈련하여 온전한 믿음의 사람으로 스스로가 "생명의 성령의 법"을 따라 살 수 있어야 한다.

믿음으로 구원받은 사람은 죄와 사망의 권세에서 자유한 사람이다. 그럼에도 불구하고 자신이 아직도 죄악 된 곳으로 빠지고 있다면 그건 옛 습관 때문일 수 있다. 훈련되지 못한 옛 습관이 그대로 남아 있기 때문일 것이다. 따라서 집사는 끊임없이 자신을 하나님의 사람으로 훈련해야 한다. 이미 구원받아 죄와 사망의 법에서 해방받았다고 할지라도 아직도 습관의 찌꺼기가 자신을 넘어지게 하고 있음을 각성하고, 온전한 하나님의 사람으로 거듭난 집사의 삶을 살도록 자신을 훈련하고 세워야 한다. 성령의 능력으로 귀하게 쓰임 받는 사역자가 되기 위하여 늘 기도하는 삶으로 영성적 가치를 따라 살아야 한다.

지도자인 집사는 편협하거나 독선적인 지도자가 아니라 겸손과 봉사와 헌신으로 섬기는 영성적 가치관을 가진 지도자가 되어야 한다. 그리고 늘 성령의 능력으로 행할 수 있는 사역자가 되기 위하여 늘 기도하는 삶을 살아야 한다. 세상 지식이나 자기 경험에 의존하지 말고 철저하게 하나님의 말씀을 따르는 영적인 지도자로 쓰임 받아야 한다.

더욱 중요한 것은 교회 지도자인 집사는 명예만이 아니라 지도력을 발휘할 수 있는 유능하고 유용한 지도자로 쓰임 받고, 하나님께서 위에서 부르신 부름의 상을 위하여 경주하는 존재임을 기억해야 한다. 그러기 위해 영적 능력과 지혜를 가져야 하고 끊임없이 기도하고 겸손히 말씀을 배우고 부단한 훈련으로 자신을 세워가는 유능하고 유용한 섬김의 사람이어야 한다.

사역은 열심도 있고 헌신도 해야 하지만 능력이 있어야 한다. 능력

없는 열심이나 헌신은 열매를 기대할 수 없으며, 무능한 사역자는 큰 일을 할 수가 없다. 그러므로 제직은 제직으로 사역을 할 수 있는 능력을 갖추어야 한다. 먼저는 영적 능력이고, 다음은 사역에 대한 능력이다. 옛말에도 "알아야 면장을 한다"는 말이 있듯이 하고자 하는 일에 대하여 알고 있어야 한다. 기능뿐만 아니라 자격에 있어서도 그렇다. 할 수 있는 능력이 있다는 말은 집사 자격이 있다는 말이기도 하다. 재목(材木)이 되어야 하고 감이 되어야 한다는 말이다.

그것은 개인적인 삶에서도 그렇다. 사장감이 사장을 해야 하고, 좋은 옷감이어야 좋은 양복을 만들 수 있다. 자재가 좋아야 튼튼한 집을 지을 수 있다. 아무리 좋은 소원을 가지고 있고 아무리 큰 비전을 가지고 있어도 능력이 있어야 하고 그릇이 되어야 한다. 많은 물건을 담으려면 먼저 그릇이 커야 한다. 좋은 사람이 되어야 좋은 일을 하고, 큰 사람이 되어야 큰일을 할 수 있다. 작은 인격과 능력으로 큰 소원을 가지고 큰 열매를 맺기를 바라는 것은 하나님의 법이 아니다.

필자가 교회에서 시무 중일 때 어떤 분이 찾아와서 엄청나게 큰 자신의 포부를 이야기하면서 자랑을 했다. 자신의 계획이 이루어지면 교회에도 큰 유익을 줄 거라고 약속을 했다. 그런데 필자는 처음부터 그 말을 믿지 않았다. 왜냐하면 그 사람의 능력을 알고 있었기 때문이고, 그 사람이 그런 큰일을 못할 것을 알고 있었기 때문이다. 하나님은 그런 사람에게 엄청난 큰일을 맡기지 않을 것이기 때문이다.

사람들은 큰 포부나 꿈을 가지고 계획을 하고 간절히 기도하고 노력을 하기도 한다. 그것만 되면 하나님을 위해서도 큰일을 하겠다고 이루어 달라고 기도한다. 그러다가 이루어지지 않으면 하나님을 원망하거나 기도가 부족했기 때문이라고 생각하고 여기저기 기도를 부탁하기도 한다. 그러나 착각하는 것이 하나 있다. 기도가 부족하거나 계획이 부실하거나 아이템이 좋지 않은 것이 아니라 자신이 그걸 할 수 있는 감이 안 되서 안 되는 것을 모르고 있다는 사실이다. 다 좋아도 능력이 안 되면 못하고, 그가 애쓰고 만들어 놓아도 다른 사람이 차지하게 될지도 모른다. 실컷 고생하고 애를 써도 다른 사람의 것이 될 수 있다는 말이다. 먼저 자신이 그릇이 되어야 한다. 나무가 커야 열매를 많이 맺듯이, 준비된 사람이어야 큰일을 할 수 있다. 자리에 앉으면 주인이 되는 것이 아니라 주인이 되어야 그 자리에 앉을 수 있다.

큰일을 하기 원하면 먼저 자신의 역량을 키워야 한다. 자신이 하고 싶은 그 일을 할 수 있도록 자격을 갖추어야 한다. 우리의 기도도 바뀌어야 한다. "그것을 주십시오"라고 기도하기보다 자신이 "그것을 할 수 있는 인물이 되게 하여 주십시오"라고 기도하여야 한다. "물질을 주십시오"라고 기도하기 전에 "물질의 복이 있는 사람이 되게 해 주십시오"라고 기도하고, "많은 열매를 주십시오"라고 기도하기 전에 "큰 나무가 되게 하여 주십시오"라고 기도하여야 한다. 복의 사람에게 복이 있다. 복을 받아서 복 있는 사람이 아니라, 복 있는 사람이기 때문에 복을 받는다. 감이 되도록 노력하고 자신을 자격자로 키워야 한다. 아무나 큰일을 하는 것이 아니라 능력 있는 사람이 큰일을 하는 것이므로 큰일을 맡으려고 하기 전에 맡을 수 있는 자격을 갖추어야 한다. 자신을 통하여 하나님의 역사가 이루어지도록 자신을 바로 세워서 좋은 집사가 되어야 한다. 그러므로 집사는 말씀을 읽고 묵상하고 배워야 하며 늘 기도함으로써 영적 능력을 소유할 수 있어야 한다.

더욱더 중요한 것은 그 유능함이 유용하게 사용되어야 한다는 점이다. 집사가 되려는 이유가 무엇인가? 집사가 된다는 것은 교회 안에서 어떤 명예나 교권을 얻는 것이 아니다. 집사가 귀하고 아름다운 직분임에 틀림없지만 명예 때문에 집사가 되어서는 안 된다. 집사가 교회 안에서 사역에 대한 책임과 권한도 갖게 되지만 목적은 교회 안에서 귀하게 쓰임 받기 위함이다. 집사의 명분과 권한만 차지한다면 그것은 집사 됨의 목적이 아니다.

중요한 것은 집사가 성도들을 위해 봉사하고 목사의 목회 사역을 위해서 귀하게 쓰임 받아야 한다는 것이다. 집사가 인격적으로, 또 기능적으로 유능해야 하지만 그보다는 하나님의 나라와 교회와 교회 사역에 유용해야 한다. 유능(有能)한 것과 유용(有用)한 것은 다르다. 유능해도 무용한 사람들이 많다. 세상에서 귀한 일을 하는 사람은 세상에서 제일가는 그의 능력 때문이 아니라 쓰임 받는 유용성 때문에 귀하다. 쓰임 받음이 중요하고 쓰임 받아야 한다. 그런 의미에서 지도자로 쓰임 받음에 대한 감사를 가지고 있어야 하고, 교회나 사역에 유용한 존재로 자신을 드려야 한다.

교회 지도자들은 그가 가진 직분이나 능력이나 소유가 잘 쓰임 받도록 해야 한다. 돈도, 능력도, 지식도 하나님을 위하여, 교회를 위하여 잘 쓰여야 한다. 유용한 봉사자가 되라는 말이다. 필자가 시무하던 교회에서는 인적 자원을 사용하는 3가지 인사 원칙이 있었다.

첫째는 "공정성을 기하지 않는다"이다. 교회 섬김은 권력을 나누어 주는 것이 아니기 때문에 공정하게 나누는 것보다는 헌신과 봉사로 섬길 유용한 사람을 임명한다는 원칙이었다. 그래서 봉사 사역은 평등이나 공평의 원칙이 아니라 효율성의 원칙을 적용했다. 공평하기보다는 유용함의 원칙을 우선했다. 집사들에게 무슨 권력이나 명예나 특권을 나누어준다면 당연히 공평하고 평등하게 나누어주어야 하나 교회 봉사자를 임명하여 일을 시키기 위하여 사람을 세우는 것이기 때문에 공평성보다는 효율성을 중시한다.

둘째로 "직분이나 능력 위주로 하지 않는다"이다. 교회 지도자는 머리에 무엇이 들어 있는가보다 가슴에 무엇이 들어 있는가가 더 중요하다. 능력보다 품성이나 신앙이 우선한다는 말이다. 교회 사역은 능력보다는 신앙으로 하는 사역이다. 사역의 효율성은 신앙 능력을 우선하여야 한다. 집사의 사역은 원칙적으로 목회자의 목회를 돕는 교회 봉사이기 때문에 아무리 열심 있고 유능한 봉사자라도 교회 비전과 목적을 벗어난 봉사는 바람직하지 않다. 목회자의 의도(뜻)와 다른 봉사는 좋은 봉사가 아니다.

셋째는 "목회 효율성을 따른다"이다. 목회자와 손발이 맞아야 한다는 말이다. 교회 봉사는 결과적으로 목회를 돕는 일이다. 하나님이 세우시고 교회가 위임한 목회자의 목회 방침과 방향을 따라 마음과 힘을 모아야 하고 목회자의 목회 방침을 따라 봉사해야 한다. 같은 생각을 가지고 겸손히 협력하는 사람을 필요로 한다. 목회를 잘하려면 손발이 잘 따라 주어야 한다. 아무리 머리가 잘 생각해도 몸이 말을 듣지 않으면 일을 못한다. 우리는 흔히들 그렇게 말한다. 손발이 맞아야 한다.

다윗은 골리앗과 싸우기 위해 사울 왕이 준 갑옷이나 칼이나 창이 아니라 물맷돌을 가지고 나갔다. 왕이 준 무기는 당시 최고의 무기였지만 다윗의 손에 맞지 않았기 때문에 그것을 사용하지 않았다. 아무리 좋은 것이라도 효용성이 없다면 사용할 수 없다. 다윗에게는 항상 사용하던 조약돌 하나가 더 유용했다.

집사의 봉사는 목사의 목회와 손발이 잘 맞아야 한다. 봉사자 임명은 교회 권력의 분배가 아니라 사역의 분담이다. 분명이 해야 하는 것은 집사는 목회를 하는 사람들이 아니고 목회를 돕는 사람이라는 사실이다. 최근에 한국교회의 갈등의 중요 이유 중에 하나가 목회 협력자인 제직들이 목회를 주도하려는 잘못된 태도에 기인하는 경우가 많다. 교인의 직업과 일터는 교회가 아니라 세상이지만, 세상에서는 성공적 삶을 살지 못하면서 교회에서 목회권에 대하여 침범하려는 데 문제가 있다. 집사들은 교회가 아니라 사회에서 출세하고 사회에서 성공하고 사회에서 돈 벌고 사회에서 권력이나 명예를 얻어야 하는 사람들이다. 그리고 교회에 와서는 그저 봉사하고 섬겨야 한다. 사역이란 섬기는 일이지 관리하는 일이 아니다. 교회에서는 관리자가 아니라 일(사역)하는 일꾼이다.

교회 사역은 자기가 하고 싶은 일을 하는 것이 아니라 맡기는 일을 하는 것이다. 봉사의 직임은 자신이 선택한 일을 하는 것이 아니라 맡기는 일을 해야 한다. 진실된 충성은 자신이 하고 싶은 일을 하는 것이 아니라 주어진 일을 하는 것이다. 정말 겸손히 맡은 일에 순종하라. 교회 봉사는 좋은 자리와 나쁜 자리, 높은 일과 낮은 일이 따로 있는 것이 아니다.

책임자라는 말은 "책임을 지는 사람"이라는 말이지 "권리를 가지는 사람"이라는 말이 아니다. 군림하는 관리자가 아니라 섬기는 봉사자가 되어야 한다.

가장 중요하고 소중한 일은 이름 없이 빛도 없이 하는 일, 하나님이 받으시는 봉사가 중요하다. 작은 일에 충성하는 사람은 큰일을 할 수 있다. 자리를 탐하지 말고 진정한 헌신을 보이는 것이 중요하다. 하나님께서는 우리를 금년만 사용하는 일회용으로 부르신 것이 아니라 주님 오실 때까지 항상 쓰고 싶은 좋은 그릇이기를 원하신다. 무엇을 맡았든지 좋은 그릇으로 쓰임 받기를 바라신다.

유용한 지도자로 쓰임 받기 위해서는 지식도 중요하지만 지혜의 지도자가 되어야 한다. 실제로 교회 지도자의 덕목은 머리가 아니라 가슴이다. 교회 지도자인 집사로 부름 받은 사람은 머리가 가득 차기보다 가슴이 가득 찬 사람이어야 한다. 가슴이 뜨거워야 한다. 머리는 가득 차 있으나 가슴이 비어 있어서는 안 된다. 오랜 동안의 신앙생활을 통하여 성경에 대한 지식이나 교회의 관습, 그리고 교회 운영이나 교회의 속성에 대하여는 잘 알고 있지만 가슴이 식어지고 정서가 메말라서 교회생활, 특히 하나님 앞에서의 자신의 신앙생활이 아무런 감동이나 감격이 없이 습관적인 신앙생활을 하기도 한다. 교회 섬김 역시 일상화된 습관을 따르게 되고 섬기기보다는 섬김을 받으려고 하고 봉사보다는 군림하려고 하고 영적 깊이를 잃어버리고 메마른 지식과 경험으로 교회 일을 하려고 하면 인간적인 수단과 방법이 작동할 위험성이 많다. 그래서 가슴이 채워져야 한다는 말이다.

집사는 똑똑한 사람이기보다는 덕이 있는 사람이어야 한다. 지식이 많은 사람이기보다는 지혜가 있는 사람이어야 한다. 그 마음이 하나님께 합한 사람이어야 한다. 냉철한 판단도 필요하고 날카로운 정의감도 있어야 하지만 집사는 먼저 따뜻한 마음이 있어야 한다. 한국교회의 어려움은 교회 지도자들의 무식함이나 무능함보다는 하나님의 뜻에 맞는 따뜻한 가슴이 없기 때문이다. 집사는 넓은 마음과 따뜻한 가슴으로 부족한 사람들을 품어 주고 약한 사람을 세워 주고 넘어진 사람을 일으켜 줄 수 있는 사람이어야 한다.

근래에 한국교회에서 일어난 심각한 분쟁과 갈등은 똑똑하기는 하지만 덕이 없는 사람들이 교회를 움직이는 데 그 원인이 있다. 남의 부족이나 잘잘못을 너무나 정확히 알아서 지적하고 따져서 정의를 세우려는 열심은 있지만 부족한 사람을 품어 주고 남의 실수를 용납해 줄 넉넉한 마음이 없는 것이 문제다. 집사는 약한 사람을 품어 주고 실수한 사람을 용서해 주고 외로운 사람을 품어 주는 아량을 가지고 교회를 섬겨야 한다. 교회를 삭막하게 하는 것은 바로 교회 지도자들의 사랑의 결여, 사랑 없는 정의감 때문이다. 날카로운 지성보다 따뜻한 마음이 필요하다. 탕자를 받아 주고 죄인을 붙잡아 주어 부족한 사람을 온전하게 하는 교회가 되기 위해서는 집사들의 지성보다는 덕성이 필요하다.

교회 지도자로서 가져야 할 또 하나의 중요한 정체성은 자신이 목회자의 목회를 돕는 직분자임을 기억하는 일이다. 그래서 교회 지도자는 모든 문제를 목회적 시각으로 볼 수 있어야 한다. 교회 봉사를 할 때 유의해야 할 것은 그 봉사가 목회자의 목회 가치와 맞아야 한다는 점이다. 교회는 사회봉사 단체가 아니며, 교회 일은 사회봉사가 아니다. 교회가 사회봉사도 하고 이웃 사랑을 실천해야 한다. 집사의 사역이 사회봉사를 목적으로 시작되기도 했지만, 교회의 모든 봉사는 비록 사회봉사일지라도 그것은 언제나 복음 사역이다. 교회 모든 봉사는 교회성을 잃지 않는 것이 전제되어야 한다. 그래서 교회 봉사는 목회자의 목회 목적과 일치해야 한다. 무슨 사역이든지 교회에서 교회 이름으로 하는 모든 사역은 그 목적이 목회자의 목회 철학과 맞아야 하고 그 방법 역시 일치되어야 한다.

그러기 위하여 중요한 것은 집사는 언제나 무슨 일이든지 목회적 시각으로 보고 판단하고 행해야 한다는 것이다. 목회자의 목회 철학을 잘 이해하고 그 목회 방향과 맞도록 해야 한다. 비록 집사의 사역이라도 그것은 늘 목사의 목회 철학을 전제로 해서 모든 사역이 목회 철학으로 움직이는 교회를 만들어야 한다. 목회자의 목회 철학은 교회가 지향할 중요한 가치이기 때문이다.

목회 철학은 목사가 어떤 사역을 어떤 방법으로 무엇을 중요시하면서 행하는 것인가를 결정하는 중요 요인이다. 어떤 교회로 세워갈 것인가를 결정하는 표준이 되기도 한다. 사역자 모두가 같은 방향을 향해야 하고, 전체 교인들이 같은 의식을 가져야 한다. 교회의 일반적인 목적이나 의무나 사역은 같다. 교회 사역은 늘 예배와 교육과 선교와 봉사와 친교라는 일반적인 사역의 범주 안에서 행해지는 것이지만, 그럼에도 그 교회의 문화나 목회자의 목회 철학에 따라 가장 중요시하는 사역이나 방법이 있을 수 있다. "우리 교회는 이런 교회이다"라는 교회의 가치가 있고 방향이 있다. 집사는 사역을 위하여 먼저 목회 가치를 알고 같은 시각을 가지고 섬겨야 봉사의 효율성을 극대화할 수 있다.

교회 봉사는 정치적 시각이나 경영적 시각이 아니라 목회적 시각으로 이루어져야 한다. 교회를 섬기다 보면 때로는 교회 사역과 사명 수행을 정치적 시각으로 혹은 경영적, 경제적 시각으로 보는 제직들을 종종 만나게 된다. "하나님이 원하시는 일이냐, 아니냐? 우리 교회가 해야 할 일이냐, 아니냐?" 하는 신앙적인 시각보다는 "이익이냐, 손해냐? 재정이 있느냐, 없느냐?" 하는 시각으로 보는 제직들을 만난다. 사역을 계획할 때는 여건이나 환경, 인적, 물적 자원과 능력 등이 고려되어야 하지만, 그것이 최우선 가치가 된다면 이는 이미 교회가 아닌 세상적 가치로 움직여지는 사회단체가 되고 만다. 예수님께서 하신 일들이 당시 로마 식민지 민족으로서 정치적, 경제적, 인적 자원이 허용된 범위가 아니었다. 수많은 정치적 압박 속에서의 초대교회 선교는 정치적, 재정적인 것을 고려하고 한 것이 아니었다. 오늘 우리 시대 교회 사역도 때로는 현실적으로 불가능한 것도 많지만 신앙과 하나님의 구원 역사와 거룩한 사역은 언제나 현실적 한계를 넘어선다.

필자는 교회 시무 시에 교회의 최고 가치를 생명 구원과 구원된 사람들을 온전히 세우는 것에 두었다. 그래서 필자의 목회 철학은 "사람을 살리고 사람을 세우는 교회"였다. 교회 모든 사역시행의 표준을 "사람을 살리는 일이냐? 사람을 세우는 일이냐?"에 두었다. 아무리 여건과 환경, 그리고 인적, 물적 자원이 가능해도 사람을 살리고 사람을 세우는 목회 철학에 부합하지 않으면 하지 않았고, 때로는 힘들고 어렵고 환경과 여건이 준비되지 않아도 사람을 살리고 사람을 세우는 일이라면 과감하게 시도하고 시행할 때 결국 하나님께서 그 일을 이루어 주시는 것을 수없이 경험했다. 교회 지도자들 역시 이 철학에 동의해 주었기에 가능하였다.

목회자나 교회 지도자들이 이런 철저한 목회적 시각이 세워지지 않으면 교회가 정치 역학에 따라 움직이게 되고, 인간의 현실적 가치에 따라 움직여 가는 무능한 집단이 될 위험성이 있다. 그래서 교회 지도자들이 교회를 잘 섬기는 방법은 바로 교회의 바른 가치와 목회자의 목회 철학을 따라 사역의 방향을 정하고 교회의 물적, 인적 자원이 적절하게 사용되도록 분배하는 일이다. 좋은 교회는 "목회 철학을 따라 움직이는 교회"이다. 필자는 이런 가치를 위해서 용어 사용에서도 이를 적용했다. 그래서 일반적으로 사용하는 교회 "사무실"이라는 용어 대신 "목회지원실"이라는 용어를 사용했고, 교회 모든 조직을 이를 위한 생산적 조직으로 바꾸고 교회 지도자들의 사역이나 교회 운영이 이 가치를 유지하도록 하였다.

집사가 목회적 시각으로 문제를 보기 위해서는 가치기준을 예수님께 두는 지도자가 되어야 한다. 교회를 이끌어 가는 제직들은 어떤 경우에도 교회의 모든 가치기준을 예수님의 십자가에 맞추어야 한다. 뿐만 아니라 우리 모두 모든 삶의 표준을 예수님의 십자가에 두어야 한다.

교회를 어렵게 하는 가장 무서운 폐해가 교회 안의 제직들 상호간에 일어나는 갈등 문제이다. 교회를 사랑하지 않아서가 아니라 교회를 자기 방법으로 사랑하기 때문에 일어나는 문제들이다. 모두가 교회를 사랑하고 바르게 하고 좋은 교회를 만들려는 목적은 같으면서도 교회에 분쟁이나 갈등이 생기는 중요 이유는 바로 가치기준을 세상 윤리나 자신들의 이기적 관심에 맞추기 때문이다. 교회를 출석하여 예수님을 믿는 모든 사람들은 누구나 다 예수님을 잘 믿겠다는 같은 목적을 가지고 있고 좋은 교회를 만들고 교회를 사랑하는 열심 역시 다 같다. 그럼에도 교회 안에 갈등이 일어나는 주요 원인은 바로 교회 사랑의 기준이, 자신들이 만든 목적, 자신들의 기준에서의 정의감, 자신이 만들고 싶어 하는 교회상이 제각각이기 때문이다.

분쟁하는 교회를 보면 어느 교회든지 어떤 사람들이든지 다 교회를 사랑하기에 교회를 바로 세우려는 정의감 때문에 서로 분쟁하고 갈등한다. 교회를 망칠 목적과 의도로 분쟁을 일으키는 경우는 거의 없다. 교회 갈등은 일반적으로 교회에 대한 관심이 많고 열심 있는 사람들에 의하여 일어난다. 그 이유는 지향하는 표준이, 각자가 생각하는 교회관이, 각자가 생각하는 가치기준이 서로 다르기 때문이다. 서로 다른 가치를 가지고 있기 때문에 하나가 될 수 없다. 모두 다 신실하고 신앙의 사람이지만 서로 안 맞아서 갈등하고 분열되는 이유는 기준이 자신에게 있기 때문이다. 서로 다른 가치기준을 가지고 사람의 방법으로 서로 맞추려 할 때 그것은 더 큰 갈등을 유발할 수밖에 없다.

해결 방법은 간단하다. 너와 나, 우리끼리 하나가 되려고 하지 말고 나도, 너도, 너와 나 모두가 예수님께 자신을 맞추면 하나가 될 수 있다. 기준이 다르면 하나가 될 수 없지만, 모두가 다 예수님을 기준으로 삼으면 하나가 될 수 있다.

2) 봉사자로서의 정체성

교회를 섬기는 집사는 "나는 봉사자"라는 기본적 자아 정체성을 가져야 한다. 교회 지도자이면서 교회의 중요 사역을 담당하는 교회의 중심적인 멤버로서 교회의 중요한 결정을 좌우하는 교회 사역자이지만, 집사는 기본적으로 자신은 봉사자라는 정체성을 가지고 있어야 한다.

죽도록 충성하고도 "우리는 무익한 종이라 우리가 하여야 할 일을 한 것뿐이라"(눅 17:10)고 고백할 수 있는 사람이어야 한다. 그래서 성경은 맡은 자들에게 "주장하는 자세"보다는 "양 무리의 본"이 되는 자세를 명하고 있다(벧전 5:3). 집사는 "주장하는 자세"가 아니라 "섬기는 자세", "봉사자"라는 자의식, 정체성을 가져야 한다.

봉사자 의식은 곧 "종"의 의식이다. 주장하는 자세가 아니라 섬기는 자세를 가져야 한다.

우리는 위대한 사도 바울의 자의식을 배운다. 그는 그의 모든 서신의 첫 머리에서 자신을 종으로 소개한다. 예를 들면, 복음의 핵심 진리를 신학화한 서신서 "로마서"에서 바울은 한 번도 가보지 않았고, 자신에 대하여 잘 알지도 못하는 로마 교회에 편지하면서 그 첫 머리(1장 1절)에서 "예수 그리스도의 종 바울"이라고 자신을 소개한다. 노예제도가 있던 당시 로마에는 100여 만 명의 인구 중에서 약 30~35만의 노예가 있었다고 한다. 당시의 노예 신분의 삶이 얼마나 비참하다는 것을 바울도 알고 당시 로마 교회 교인들도 너무나 잘 알고 있었다. 그런데 사도 바울은 자신을 잘 모르는 로마 교회 교인들에게 자신을 "종(노예)"이라고 소개하였다.

그는 자타가 인정하는 당대 최고 학자인 '가말리엘'의 문하에서 율법을 공부한 학자였고, 그의 학문의 깊이는 철학의 도시 '아덴'의 '아레오바고' 언덕에서 기라성 같은 당시의 헬라 철학자들의 입을 다물게 할 정도였고, 로마서를 비롯한 그의 서신서가 신약성경을 이룰 만큼의 대단한 학자였지만, 그는 자신을 그냥 "종"으로 소개했고 그런 자세로 살았다. 그는 부득불 자신을 소개한 고린도전서 11장 16절 이하에서 말한 대로 그는 선민인 히브리인 중에 히브리인이었고 아브라함의 후손이었다. 그도 복음을 위해서 혁혁한 공을 세운 사람이었다.

인간적으로도 그는 길리기아 다소 출신으로 왕족인 베냐민 지파의 후손이었고, 어릴 적부터 바리새인이었으며, 가말리엘 문하에서 율법을 배웠고, 태어날 때부터 이미 당시 특권층에 속한 로마 시민권자였다. 당시 로마 시민권을 가진다는 것은 대단한 특권에 속했다. 사도 바울을 체포하여 심문했던 로마군 천부장도 돈을 많이 들여 시민권을 얻었다(행 22:28)고 하면서 사도 바울이 로마 시민권자임을 알고 사도 바울을 체포한 것에 대하여 두려워할 정도였다(행 22:29). 로마 시민권자는 비록 죄를 지어도 로마 황제에게 직접 재판을 받을 특권이 있던 때였다.

그런데 태어날 때부터 로마 시민권자인 바울은 자신을 "종"이라고 소개하였다. 그는 인간적으로 대단한 야망을 가지고 출셋길을 달려가던 사람이었다. 그러나 그가 다메섹 도상에서 예수님의 부르심을 받은 뒤(행 9:1-19)에 깊은 영적 경험을 했고(고후 12:1-3), 스스로 "그리스도의 종"이라는 자의식을 가지고 섬기는 자가 되었다. 그는 그의 학문, 가문, 직위보다는 늘 자신이 "그리스도의 종"임을 자랑스러워했고 그렇게 종의 삶을 살았다.

일반적으로 사람들은 자신을 과시하고 싶은 유혹을 받는다. 다른 사람 앞에서 자신이 존중받고 싶어 한다. 필자도 어느 분의 명함에서 "국회의원 후보" 혹은 무슨 단체 "차기 회장"이라는 명함을 받아 본 경험이 있다. 이렇게 자신을 과시하고 싶은 것이 아마 일반적일 것이다.

그러나 집사는 자신이 "그리스도의 종"이라는 정확한 자기 인식, 정체감을 가지고 있어야 한다. 자기 인식이 중요한 것은 자아 정체성에 따라 말과 행동, 특히 생각이 좌우되기 때문이다. 교회 지도자들은 "나는 그리스도의 종이다"라는 분명한 정체성을 가져야 한다.

여기서 중요한 것은 "그리스도의 종"이라는 것이다. 교회나 목사의 종이 아니고, 더욱 성도들의 종이라는 말이 아니다. 성도들을 섬기고 봉사하지만 성도들의 종으로 그 일을 하는 것이 아니라 "그리스도의 종"으로서 하는 것임을 명심해야 한다. 사람의 종이 아니라 "주의 종"이기 때문에 사람 앞에 비굴하거나 지나치게 자기 비하를 할 필요는 없다. 도리어 당당하게 섬기는 "주님의 종", "그리스도의 종"이라는 정체성이 교회 봉사자로서 집사의 정체성이다.

다음으로 제직들의 중요한 자아의식은 자신이 "일꾼"이라는 정체성이다. 자신은 교회를 위해, 목회자를 돕기 위해, 성도들을 돌보기 위해 일하는 사람이라는 말이다. 일하기 위하여 부름 받은 "그리스도의 종"이라는 것이다. 집사는 관리자도, 지배자도 아니다. 일하기 위하여 부름 받은 "일꾼"이다.

성경은 우리에게 "사람이 마땅히 우리를 그리스도의 일꾼이요 하나님의 비밀을 맡은 자로 여길지어다"(고전 4:1)라고 말씀한다. 그래서 충성을 해야 한다고 한다(고전 4:2). 집사 자신이 스스로 "그리스도의 일꾼"이라는 의식이 있어야 함은 물론이지만 다른 사람들 보기에도 마땅히 자신이 "그리스도의 일꾼이요 하나님의 비밀을 맡은 자"로 보여야 한다. 곧 자타가 공인하는 그리스도의 일꾼으로 살아야 한다. "그리스도를 위해 일하는 사람", "그리스도의 명령에 따라서 일하는 사람"으로 살아야 한다는 말이다. 그냥 일하는 일꾼 정도가 아니라 '충성'을 해야 하는 사람이다.

사실 "일꾼"이라는 말은 그냥 일하는 사람 정도가 아니라 조건 없이 복종하는 사람을 의미한다. 헬라어 원문으로는 "일꾼"이 '슈페리티스'로 발음되는 말인데 원래 이 말의 뜻은 "노를 젓는 자"이다. 당시에 전함(戰艦)은 현대처럼 엔진에 의해 움직이는 것이 아니라 배 밑창에서 노예들이 노를 저어서 움직이는 배였다. "일꾼"이라는 말은 원래 배 밑창에서 노를 젓는 노예를 의미했다. 노예들은 그 배가 어디를 향해 가는지, 왜 가는지를 몰랐다. 다만 선장의 명령, 곧 배 위에서 두드리는 북소리에 맞추어서 노를 저을 뿐이었다. 북소리가 빠르면 노를 빠르게 젓고 북소리가 천천히 울리면 노도 천천히 저었다. 명령에 복종할 뿐 질문도 없었고 질문할 권리도, 자유도 없었다. 수고에 대한 보상도 없었다. 오직 복종만 있었을 뿐이다. 그들은 오직 충성할 의무만 있었다.

집사의 교회 사역이나 주님 명령에 대한 순종의 태도는 바로 "일꾼"의 태도여야 한다. 실제로 우리가 신앙생활을 하면서 주님의 뜻을 다 헤아리기는 어렵다. 때로는 이해가 가지 않는 일도 있을 수 있다. 인간적인 논리로 이해되지 않는 것들, 손익 계산에 맞지 않는 일들도 있을 수 있다. 그러나 우리가 하나님을 섬기고 그 말씀에 순종하는 것은 우리가 하나님의 뜻을 다 알고 다 이해가 되기 때문이 아니라 이해가 되지 않고 손해가 되는 것 같아도 순종하고 섬기고 충성하는 것이 하나님을 향한 집사들의 사역 태도여야 하기 때문이다. 우리가 "이 눈에 아무 증거 아니 뵈어도 믿음만을 가지고서 늘 걸으며 이 귀에 아무 소리 아니 들려도 하나님의 약속 위에 서리라"(새찬송가 2006년판 545장)고 찬송을 부르듯이 우리는 하나님에 대한 신뢰를 가지고 말씀에 순종하며 섬기는 것이 바로 "일꾼"으로서의 집사의 정체성이다.

집사에게 있어서 가장 중요한 봉사자로서의 자의식은 자신이 "비밀을 맡은 자"라는 의식이다. 이 말은 신약성경 언어인 헬라어로는 '오이코노모스(οἰκονόμος)'라는 말인데 '집'이라는 '오이코스(οἶκος)'와 '세우는 사람'이라는 뜻의 '노모스(νόμος)'의 합성어로서 "하나님의 집을 세우는 사람"이라는 의미이다. 그래서 이 말은 위의 '슈페리티스'와는 다른 개념이다. '슈페리티스'는 무조건 복종하는 사람이라는 의미이고, '오이코노모스'는 자율적 봉사와 헌신을 의미한다. 능력도, 권한도 주어져서 자기 판단으로 해야 할 일을 하는 능동적으로 일하는 일꾼을 말한다. 따라서 주인의 의도를 먼저 파악하고, 시키기 전에 주인의 뜻에 맞게 일을 해 나가는 사람이라는 의미이다. 의무와 책임에 대하여 일정한 권한을 가지고 자기 판단으로 주인을 기쁘시게 하고 주인의 뜻을 따라 집을 관리해 나가는 사람이다. 그래서 주인이 '오이코노모스'에게 모든 것을 맡길 수 있는 사람이 되어야 한다.

이들은 자율적인 판단으로 주인의 뜻을 받들어 일하는 전문가들이기 때문에 유럽 쪽에서는 실제로 2년 과정의 '오이코노모스' 아카데미가 있다고 한다. '오이코노모스'는 예절과 요트, 운전 등의 실무도 배우고, 또 경영 같은 전문적인 소양도 익혀서 전문인으로 일한다고 한다. 물론 '오이코노모스'는 세심한 섬김이 필요함으로 상당수의 여성들도 있다고 한다. 또 '오이코노모스'는 특정 가문에 고용되어 일하기도 하고, 호텔 같은 기관에서 일하기도 한다고 한다.

'오이코노모스'에게 가장 필요한 것은 신뢰이다. 그래서 이들을 "비밀을 맡은 자"라고 한다. 주인의 비밀을 맡아서 관리하는 사람은 주인이 신뢰하고 믿고 맡길 수 있는 사람이라는 의미이다. 이들은 눈치가 빠르고 부지런하고 민첩해야 하지만, 동시에 입이 무겁고 비밀을 지킬 수 있는 믿을 수 있는 사람이어야 한다. 그래서 "일 못하는 집사는 용서해도, 입이 가벼운 집사는 용서할 수 없다"는 말이 있다. 일반적으로 집사들끼리 모여 자기 주인의 집안 이야기를 하고 한담을 나누면서 가문의 비밀을 누설할 수 있기 때문이다.

이렇듯 집사는 주인의 비밀을 맡아서 관리할 만큼 신뢰를 전제한 일꾼이었다. 지혜와 헌신으로 교회를 보살피고, 특히 자신이 하나님의 나라의 "비밀을 맡은 사람"이라는 정체성을 가지고 매사에 신중하고 신뢰를 얻을 수 있는 청지기가 되어야 한다. 집사는 하나님께서 무엇이든지 맡길 수 있는 믿음의 사람이어야 하고, 목사가 무엇이든지 공유하며 목회 사역의 도움을 얻을 수 있는 믿음의 사람이어야 한다. 비밀을 맡은 자이기 때문이다.

3) 직분에 대한 태도

직분은 하나님께서 주신 축복이다. 하나님의 교회에서 존귀한 일을 담당하는 자가 바로 직분자이고, 그 중에서도 사역을 직접 담당하는 직분이 집사직이다. 중요한 것은 자신이 교회 집사로 부름 받아 세워진다는 것이 하나님께, 그리고 교회와 자신의 가정과 스스로에게 축복이 되어야 한다. 직분은 축복으로 주어진 것이기 때문이다. 그러나 그 직분을 바로 사용할 때 축복이 되지만, 때로는 직분이 도리어 자신의 인생에서 저주가 될 수도 있다. 상당히 많은 한국교회에서 일어나는 불행스런 갈등과 분쟁, 그리고 불미스러운 일들의 중심에는 교회 직분자가 있음도 사실이다. 그래서 직분자들은 끊임없이 자신을 돌아보고 정말 좋은 집사가 되어 직분이 축복이 되도록 바른 태도와 섬김을 보여주어야 한다. 하나님의 교회를 위해, 하나님의 나라를 위해 바르고 유용하게 쓰임 받아야 한다.

성경은 우리가 어떤 직분, 어떤 그릇이든지 그 그릇이 잘 쓰이는 그릇이 되어야 한다고 강조한다. 큰 집에는 금그릇과 은그릇뿐 아니라 나무그릇과 질그릇 등 여러 종류의 크고 작은 그릇들이 있지만, 중요한 것은 그 그릇들 중 귀하게 쓰이는 그릇도 있고 천하게 쓰이는 그릇도 있다는 것이다. 어떤 종류의 그릇인가보다는 그 그릇이 귀히 쓰는 그릇이 되어서 주인의 쓰심에 합당하며 모든 선한 일에 준비함이 되어야 한다(딤후 2:20-21).

그렇다. 중요한 것은 잘 쓰인다. 그릇이 크거나 작거나 금그릇이나 나무그릇이나 상관없이 쓸모 있고 쓰임 받는 그릇이어야 한다. 아무리 크고 좋은 그릇이라도 주인이 쓰기에 불편하다면 이미 그 그릇은 그릇으로서의 가치가 없다.

교회 지도자들도 그렇다. 어떤 직분이든지, 치리를 위한 직분이든 사역을 위한 직분이든 쓰임 받아야 직분이지 쓰임 받지 못하는 직분이라면 직분의 의미는 없다. 그것도 귀하게 잘 쓰임 받아야 한다. 우리는 마태복음 14장의 5병 2어 사건에서 배울 수 있는 교훈을 잘 새겨야 한다. 어린 아이의 한 끼 식사에 지나지 않는 "보리떡 5개와 물고기 2마리"가 5천 명을 먹이고도 12광주리나 남을 수 있었던 것은 그것이 빈 들에 모인 사람들의 도시락 중 가장 많고 가장 좋은 식사거리였기 때문이 아니다. 비록 보잘것없는 도시락이었지만 그것이 주님을 위하여 귀히 쓰임 받았기 때문에 그런 큰 역사가 일어났다. 그 당시 군중 가운데는 그것보다 더 맛있고 더 많은 양의 식사를 준비한 사람들이 얼마든지 많았을 것이다. 아무리 많고 좋은 것도 사용되지 못할 때는 아무 의미가 없다. 비록 어린 아이 한 끼 식사밖에 되지 않는 적은 것이었지만 주님의 손에 들려지고 주님에 의하여 쓰이면 엄청난 역사를 이룰 수 있다.

모세의 손에 잡힌 지팡이나 다윗의 손에 잡힌 물맷돌이, 지팡이가 튼튼하거나 돌멩이가 커서 큰 역사를 이룬 것이 아니다. 귀하게 쓰임 받으니 귀하고 큰 역사를 이룬 것이다. 우상장수 '데라'의 아들 '아브라함'이 믿음의 조상이 된 것은 가문이나 문벌이 좋아서가 아니라 부름 받아 아멘으로 순종하고 하나님의 손에 잡혀 귀히 쓰임 받음으로 가능했다.

노예 출신 '여호수아'나 아버지조차 인정하지 못했던 '다윗'이나 성격만 급했던 '베드로'가 귀한 역사의 주인공이 된 것은 그의 인간적인 능력 때문이 아니라 하나님께 쓰임 받음으로 큰 역사의 주인공이 된 것이다. 집사의 영광은 잘 쓰임 받는 데 있다. 학벌이 좋고 능력이 많고 가진 것이 많아야 좋은 집사가 되는 것이 아니라 잘 쓰임 받아야 좋은 집사가 된다. 귀히 쓰임 받으면 귀한 집사가 되고, 쓰임 받지 못하면 무용한 집사가 된다.

문제는 어떤 집사로 사는가이다. 하나님은 어떤 집사를 귀히 쓰실까?

집사의 제 일의 덕목은 겸손이며, 하나님이 쓰시는 우선적인 조건이 겸손이다. 겸손은 먼저 자신의 부족을 인정하고 하나님의 은혜를 구하는 마음이다. 바울 사도가 "내가 나 된 것은 하나님의 은혜로 된 것이니"(고전 15:10)라고 고백한 것과 같은 마음이다. 이런 마음으로 사역에 임할 때 그 사역을 온전하게 할 수 있다. 성경은 겸손한 자에게 지혜가 있다(잠 11:2)고 한다. 그리고 하나님은 교만한 자를 물리치시고 겸손한 자에게 은혜를 주신다(약 4:6). 하나님은 겸손한 자와 함께 행하신다(미 6:8). 그래서 무슨 일이든지 겸손과 온유로 해야 한다(엡 4:2). 아무 일에든지 다툼이나 허영으로 하지 말고 오직 겸손한 마음으로 각각 자기보다 남을 낮게 여기는 마음으로 하라(빌 2:3)고 하셨기 때문이다. 그래서 겸손이 최고의 능력이고, 겸손하게 행할 때 하나님과 동행할 수 있다.

겸손한 마음으로 자기주장을 접고 주인의 뜻에 전적으로 따르는 것이 충성이다. 자기의 주장대로 애를 써서 자기가 원하는 것을 이루는 것은 주님의 일이 아니라 자기 일이다. 겸손할 수 있을 때 기도할 수 있다. 무릎 꿇는 마음이 기도가 된다. 언제나 겸손히 배우는 마음으로 자신을 드려서 일해야 한다.

때로는 목회 현장에서 확실히 알지도 못하는 짧은 지식과 경험으로 자기주장을 하여 사실을 왜곡하거나 진실을 오도하는 위험한 봉사자를 만날 때가 있다. 오랫동안 교회를 섬겨온 제직들 중에는 사실을 정확하게 파악하려는 노력보다는 고정관념으로 자기주장을 굽히지 않고 고집이 무슨 권위인양 생각하는 제직이 있다. 제직은 언제나 열려진 마음으로 겸손히 임함으로써 확실히 알지도 못하면서 단정해 버리는 오류를 범하지 않아야 한다. 자기 상식, 자기 경험으로 현실을 재단하는 오만을 버리고, 남을 깊이 알려는 노력도 하지 않고 단정하는 실수를 범하지 않아야 한다. 남의 말에 귀를 기울이는 겸손, 더 잘 아는 사람의 말을 듣는 겸손, 물어보는 겸손이 중요하다. 책 한 권 읽었다고 모든 것을 다 아는 것처럼 주장함으로 진실을 왜곡해서는 안 된다. 자기의 작은 경험으로 온 세상을 다 아는 것처럼 말하거나 자기의 직위나 자신의 자리를 고집하고 일천한 능력으로 모든 것을 다 하려고 하지 말아야 한다. 자기 분수를 아는 것이 중요하다. 손으로 하늘을 가리려 하는 오만이나 부채질로 바람의 방향을 바꾸려는 무모함을 버려야 하고, 촛불 주제에 태양 노릇하려고 하지 말아야 한다. 많은 다툼은 교만에서 나오고, 미련함은 교만의 산물이다.

희생과 봉사도 독점하지 말아야 한다. 일을 많이 하고 열심히 하고 헌신적으로 하는 것도 중요하지만 모든 것을 "내가 다 알아야 하고, 내가 다 해야 한다"는 마음도 교만이다. 다른 사람도 할 수 있고, 다른 방법도 있으며, 다른 이를 통하여서도 할 수 있음을 겸손히 인정해야 한다. 겸손이란 자기 부족을 알고 자기 부족을 인정하는 것이다. 하나님은 겸손한 자와 함께하심을 기억하여 겸손한 집사로 살아야 한다.

직분자의 또 하나 중요한 태도는 헌신이다. 교회에서 '헌신'이라는 용어는 참으로 익숙한 용어이다. 그러기 때문에 도리어 헌신의 깊은 의미를 잘 모르고 '헌신'이라는 말을 쉽게 사용하는 것을 본다. 어느 교회든지 새해가 되면 제직을 위시하여 교회 각 부서가 '헌신예배'를 드리고 임직식 등 교회 행사 때에도 가장 많이 쓰는 용어가 바로 이 '헌신'이다.

그러나 집사의 헌신이란 헌신예배 한 번 드리고 잊어버리는 그런 정도의 의미가 아니고, 행사 때에 일상적으로 가볍게 사용하는 그런 인

사치레의 헌신이 아니라 진정한 의미의 헌신을 말한다.

헌신의 사전적 의미는 "몸과 마음을 바쳐 있는 힘을 다함"이다. 헌신은 자신이 가지고 있는 모든 힘, 즉 건강, 지식, 소유, 능력, 지위, 어떤 권한, 나아가서 자신의 생명까지도 하나님께 다 드린다는 의미이다. 다른 말로 헌신을 '백지 위임'이라고 하기도 한다. 이제는 아무것도 자기 것은 없고 자신이 소유한 모든 것은 이미 다 하나님의 소유로 드려진 것을 말한다. 우리가 주님께 헌신한다는 말은 나 자신의 모든 것을 무조건 전부 주님께 위임한다는 의미이다. 구약시대에 하나님의 백성들은 하나님께 십일조를 드렸다. 그러나 오늘 우리가 헌신했다는 말은 십일조 정도가 아니라 전부를 다 드렸다는 의미이다.

초대교회에서 일꾼이 되고자 한 사람들은 모두 교회를 위하여 자신의 생명을 드려 섬기기로 작정을 했다. 초대교회를 섬겼던 일꾼들은 거의 다 순교했다. 예수님의 12제자 중에서 밧모섬으로 유배를 간 사도 요한 외에는 다 순교를 했다. 요한 역시 유배지에서 일생을 드렸다. 그래서 하나님의 종, 교회의 일꾼은 근본적으로 사도들과 선지자들의 터 위에 세우심을 입은 아직 살아 있지만 이미 다 드려진 순교자들이어야 한다(엡 2:20).

그런 의미에서 집사가 되는 것은 엄청난 각오와 결단이고, 집사로 산다는 것은 헌신하는 삶을 산다는 말이 된다.

실세로 하나님께서는 돈이 많다거나 지식이 출중하다거나 능력이 많은 사람을 쓰시는 것이 아니라 헌신하는 자를 쓰신다. 이제 집사가 된다는 말은 삶의 목적이 하나님의 영광에 있고, 삶의 방법이 헌신이라는 것을 명심할 필요가 있다. 자신의 몸도, 마음도, 소유도, 능력도, 생명도 이미 주님께 드려진 몸임을 기억해야 한다.

사실 하나님의 교회는 성장하게 되어 있고 세상의 빛이 되고 소금이 되도록 되어 있다. 구원받는 사람이 날마다 더하고(행 2:47) 하나님의 역사가 날마다 일어나야 한다. 그러나 많은 장애물 때문에 교회가 성장하지 못하고 변화를 이루지 못한다. 교회가 성장하지 않고 교회에 하나님의 역사가 나타나지 않는다면 무엇인가 문제가 있다고 본다. 목사에게든지 장로에게든지 집사에게든 조직이나 환경이나 어딘가에는 이유가 있다. 가장 큰 이유는 온전한 헌신이 없기 때문이다.

이처럼 집사는 기본적으로 겸손한 헌신자여야 한다. 겸손한 헌신을 통하여 교회가 하나님 앞에 온전하게 되고 귀하게 쓰임 받는 교회가 된다.

8
집사의 예배생활

장로교 헌법에는 "교회는 예수 그리스도를 구세주로 영접한 하나님의 자녀들이 모이는 공동체이다. 이 교회는 성령님의 역사 아래서 예배와 선교, 교육, 봉사, 친교를 통하여 하나님을 영화롭게 하고 영원토록 그를 즐거워하는 데 그 존재의 목적을 두어야 한다"(제4편 예배와 예식 제1장 1조)라고 말한다. 그리고 "교회의 모든 성도들은 하나님의 자녀로 선택되어 구원에 이르게 하신 성부, 성자, 성령 되신 하나님의 은총 앞에 경건한 응답으로서 영광과 찬양과 감사를 드려야 한다"(예배와 예식 제1장 2조)라고 한다. 곧 예수 그리스도를 구세주로 영접한 하나님의 자녀들이 모이는 공동체인 교회는 하나님의 은총 앞에 경건한 응답으로서 영광과 찬양과 감사를 드려야 한다. 곧 예배를 드려야 한다는 말이다.

예배는 하나님께서 인간을 창조하시고 구원하신 목적이다. 하나님은 예배를 받으시기 위하여 인간을 창조하셨고 우리를 구원하셨다. 따라서 예배는 교회의 사명이며 신앙의 본질이다. 예수님을 믿는다는 말은 예배자가 된다는 말이다. 사람을 구원한다는 말은 사람을 예배자가 되게 한다는 말이다. 사람들은 예배를 통하여 온전하게 되고 치유와 축복을 누리게 된다. 모든 사역은 예배를 위함이다. 전도하여 사람을 구원한다는 것은 사람들을 예배자가 되게 한다는 말이다. 교회에서 교육을 한다는 것은 성도들을 온전한 예배자로 훈련한다는 말이다. 교회의 모든 봉사는 사람들로 하여금 하나님께 온전한 예배를 드리게 하기 위해 하는 봉사이다. 그래서 예배는 신앙의 목적이고 최고의 방법이고 사역의 목적이다. 제직의 가장 기본적인 사명이 바로 예배에 대한 사명이고, 예배를 온전히 드림이 최고의 봉사이며 사역이다.

하나님은 우리를 예배자로 부르셨다. 하나님을 섬긴다는 말은 하나님께 예배하고 예배한 대로 살아가는 것을 말한다. 우리의 신앙생활은 도덕 운동이 아니다. 우리는 윤리적이고 도덕적인 삶이 목표가 아니다. 하나님을 잘 섬기는 것이 목표이다. 하나님을 섬기는 구체적 행위가 예배이다. 아무리 윤리적이고 도덕적이어도, 아무리 봉사를 많이 해도 예배를 바로 안 드리면 성도가 아니다. 하나님은 영과 진리로 예배하는 자를 찾으신다. 바로 예배하는 사람이 바로 산다.

1) 예배란 무엇인가?

장로교 교단(예장 통합) 헌법은 "기독교의 참된 예배는 하나님의 백성들이 하나님이 창조의 역사와 예수 그리스도를 통하여 구원의 역사를 이룩하신 사실을 깨닫고 감격하여 드리는 응답의 행위이다"(제4편 예배와 예식 제1장 5조)라고 명시하고 있다. 하나님의 구원의 은혜에 감격하여 그 구원의 은혜에 응답하는 행위가 예배이다. 그런데 우리가 하나님의 은혜에 감격하여 드리는 응답은 무엇인가? 예수님은 우리에게 "네 마음을 다하고 목숨을 다하고 뜻을 다하여 주 너의 하나님을 사랑하라"(마 22:37)고 명하셨다. 사람은 자신이 할 수 있는 모든 것을 다하여 하나님을 사랑하고 섬겨야 한다.

예배 역시 예배자들이 마음과 뜻과 정성을 다하여 경배와 찬양과 영광을 삼위일체 되신 하나님께 드리는 것이다. 하나님께 자신의 '모든 것'을 다 드리는 것이 예배이다. 예배 예식은 자신을 하나님께 바치는 예식이다. 예배 순서는 다양하다. 말씀과 기도와 찬양, 그리고 헌금과 헌물과 각종 예식으로 하나님께 예배한다. 이 모든 예배 순서와 제물은 다 나 자신을 하나님께 드리는 표현이다. 찬양의 제물도, 기도의 제물도, 드리는 헌금도, 봉사와 헌신도 다 나 자신을 하나님께 드리는 예식이다. 그러므로 예배는 예배 제물뿐 아니라 자신을 드려야 한다. 자신이 가장 중요한 제물이다. 하나님은 제물보다 나 자신을 받기를 원하신다.

하나님께서 가인을 받지 않으시니 그의 제물도 받지 않으셨다(창 4:5). 가인이 자신을 드리지 않으니 가인이 드린 제물도 열납되지 않았다. 하나님은 아벨을 받으시니(창 4:4) 그의 제물도 받으셨다. 예배자는 헌금만이 아니라, 찬양만이 아니라 자신을 드려야 한다.

예배는 자신의 생명을 드리는 것이다. 예배의 원형인 구약시대 제사의 기본은 번제(燔祭)였다. 번제는 제물 전부를 태워서 드리는 제사이다. 자신을 대신해서 제물을 불태워서 드렸다. 이는 곧 자신의 생명을 하나님께 바친다는 의미이다. 예배는 자신의 생명을 바치는 예식이다. 생명을 바친다는 말은 소유와 능력과 삶 모두를 드린다는 말이다. 은혜로운 예배는 예배 순서나 목사의 설교가 아니라 예배자 자신의 온전한 드림을 통해 완성된다.

제물(祭物)을 드림은 생명을 드림이다. 예배의 제물로 드리는 헌금은 내 생명을 드리는 표시이다. 헌금은 하나님께 물질적으로 도움을 드린다는 의미가 아니며, 교회 사역비 모금에 헌납하는 의미도 아니다. 더욱이 하나님께 물질을 드려 선심을 쓰는 것이 아니다. 하나님의 것을 하나님께 드리는 것이지만 자신이 가진 모든 소유가 다 하나님의 것이라는 고백이기도 하다. 자신과 자신의 전부를 드리고, 자신의 가장 소중한 것을 드린다는 의미이다.

2) 어떤 예배를 드려야 하는가?

예배는 영과 진리로 드려야 한다. 예수님께서는 "하나님은 영이시
니 예배하는 자가 영과 진리로 예배할지니라"(요 4:24)고 하셨다. 예
배는 성령의 역사, 성령의 임재가 있는 영과 진리로 예배해야 한다.
예배시간은 인간적인 차가운 의식이나 목사의 강론시간이 아니다. 모
든 순서가 다 하나님께 드리는 순서이다. 영적으로 드리는 예배, 성령
의 임재가 있는 예배, 사람들끼리의 모임이나 의식이 아니라 성령의
역사가 있는 예배를 드려야 한다. 그러므로 예배는 영적 감동이 있고,
성령의 역사를 통한 치유가 있고, 하나님의 축복이 있는 예배가 되어
야 한다. 예배자가 하나님과의 영적 만남을 통하여 변화가 되는 예배,
찬송과 기도를 드리고 말씀을 들으면서 변화의 역사가 나타나는 예배
여야 한다. 바른 예배는 예배 가운데 하나님의 임재가 있는 예배이다.
하나님의 임재 없이 사람들끼리만 모이는 모임은 종교행사일 수는 있
으나 예배일 수는 없다.

예배는 예배자들을 변화시킨다. 예배를 통해 신앙적 정보만을 얻
는 것이 아니라 변화의 역사가 일어난다. 구원을 받아 영생을 얻고
의로운 삶을 사는 방법에 대한 '정보(information)'만을 얻는 것이 아
니라 사람으로 하여금 구원을 받아 영생을 얻고 의로워지는 '변화
(transformation)'가 있어야 한다. 교육은 '정보'를 제공하지만 예배
는 '변화'를 가져온다. 기도하면 좋다는 것을 아는 것만이 아니라 기

도의 사람이 되게 하며, 성경이 하나님의 말씀이라는 것을 아는 것만이 아니라 성경대로 살게 한다. 의롭게 사는 것이 좋다는 것을 알게 할 뿐 아니라 의로운 사람이 되어 의롭게 살게 만든다. 예배는 하나님을 영화롭게 하는 것이기도 하지만 동시에 사람을 변화시킨다. 그러므로 예배자는 "영과 진리"로 예배해야 한다.

영과 진리로 드리는 예배는 또한 치유와 회복이 있는 예배이다. 사람들은 예배를 통하여 인생의 수고하고 무거운 짐을 내려놓고, 비뚤어진 인간이 새롭게 되고, 문제가 해결되고, 병든 몸과 마음이 치유되어야 한다. 악한 사람이 선한 사람으로 회복되고, 불의한 사람이 의로운 사람으로 변화되는 참된 회복의 역사가 있는 예배를 드려야 한다. 나쁜 마음을 가진 자가 예배드리고도 그 마음을 그대로 가지고 있다면 온전한 예배를 드린 것이 아니다. 하나님의 형상대로 창조된 인간이 죄로 인하여 타락하고 오염되었지만, 구원받고 예배자가 됨으로 회복되어야 한다.

영과 진리로 드리는 예배는 하나님의 축복(blessing, 구원의 역사)을 경험하는 예배여야 한다. 축복의 역사는 예배를 통하여 일어난다. 예배를 통하여 은혜를 받고, 감동을 받고, 새롭게 변화되고, 심령이 하나님을 만난다. 기쁨으로 나아오고 감사함으로 돌아가는 예배의 감격과 기쁨이 충만한 예배로 예배할 수 있어야 한다.

예배는 받는 것이 아니라 드리는 것이 되어야 한다. 그래서 누구나 다 "예배드린다", "예배드리러 간다"라고 하여 예배를 "드린다"는 것은다 잘 안다. 그러나 실상 많은 경우 예배를 드리기보다는 예배를 통하여 받는 것에 더 큰 관심을 가지기 쉽다. 사람들은 예배를 통하여 은혜를 받고, 복을 받고, 문제를 해결받고, 설교 말씀을 통하여 깨달음을 얻고 은혜를 받는다. 그러나 그것이 예배의 일차적인 목표는 아니다. 그보다 더 중요한 예배의 목표는 내가 받는 것이 아니라 나를 드리는 것이다.

이것이 타 종교인들의 신앙과 기독교인들의 신앙의 차이이며, 타 종교인들의 사찰이나 종교시설을 찾는 목적과는 다르다. 타 종교인들이 사찰이나 혹은 신당을 찾는 이유는 신으로부터 무엇인가를 받기 위함이다. 평소에는 신앙과 무관하게 살다가도 필요할 때면 공물(供物), 복채(卜債)를 가지고 찾아가서 지성을 다하여 빌어서 소원을 얻어 내는 것이 신을 찾는 목적이다. 공을 드리고 정성을 다 드리면(至誠) 신이 감동을 해서(感天) 소원을 들어준다고 믿기 때문이다. 곧 그들이 신을 찾는 목적은 신의 힘으로(願力) 자신들의 소원을 이루기 위함이다. 사실 굿을 하고 제사(祭祀)를 지내고 신당(神堂)을 찾아가는 이유는 다 자신들의 소원을 성취하기 위한 수단이다. 물론 다 무용한 일이고 헛된 수고이지만 신을 찾는 목적만은 그렇다. 그것이 그들의 신앙방법이다.

그러나 기독교인이 교회를 찾고 예배를 드리는 것은 전혀 다르다. 기독교인이 하나님께 예배를 드리는 것은 받기 위해서가 아니라 받은 은혜를 감사하기 위함이며, 자신을 드리기 위함이다. 공물을 드리거나 정성을 드려서 구원을 받은 것이 아니라 전적으로 하나님의 사랑과 예수님의 십자가의 은혜로 값없이 구원받고 축복받음에 너무 감격하고 감사하여 이제는 자신을 하나님께 드리기 위하여 교회를 찾고 예배를 드린다. 그래서 타 종교인들은 받기 위하여 신을 찾고, 기독교인들은 드리기 위하여 예배를 드린다.

문제는 기독교인들 중에도, 교회 제직이 되어서도 드림보다는 받는 것에 더 큰 관심을 가지고 교회를 찾고 예배를 드리고 봉사하는 경우가 있다. 은혜 받고 축복받기 위하여 열심히 예배드리고, 열심히 기도하고, 때로는 봉사조차도 축복받기 위한 수단이 되고, 하나님께는 물론 사람들로부터도 칭찬받고 존중받으려는 것을 신앙과 예배, 그리고 섬김의 목적으로 하는 경우도 종종 본다. 그래서 말로는 "예배드린다"고 하면서도 그 뒤에는 예배를 통하여 받을 그 무엇에 더 큰 관심을 갖게 된다. 토요일부터 예배를 잘 준비하고 경건한 마음으로 교회에 나와서 정성 드려 예배를 드려도 예배의 목적이 자신이 받을 것에 있다면 온전한 예배자가 될 수 없다.

중요한 것은 예배자의 예배에 대한 태도이다. 특히 제직들의 예배 봉사와 예배에 임하는 자세는 "받기 위함"이 아니라 "드리기 위함"임을 기억해야 한다.

기독교인의 삶은 예배하는 삶이다. 한 주간 동안 예배를 잘 준비하고 주일이면 헌신하는 예배를 드리고 또 예배드린 그 마음으로 살아가는 것이 신앙인의 삶이다. 그래서 "삶이 예배가 되고 예배가 삶이 되어야 한다"라고 말한다. 잘 준비해야 하지만 그것은 받을 준비가 아니라 드리는 준비이다.

그러므로 예배자들의 마음은 하나님을 향해야 한다. 예배에 임하면 위를 바라보아야 한다. 강대상의 목사가 아니라 강단 넘어서 예배를 받으시는 하나님을 향하여 시선을 고정시켜야 한다. 예배의 목적이 하나님을 영화롭게 하는 것이어야 한다. 예배 진행이 매끄럽지 못하고 설교가 은혜가 안 되고 찬송이 박자가 안 맞아도 목사나 사람들이 아니라 그 예배를 지켜보시고 그 예배를 받으시는 하나님을 의식하고 하나님만을 바라보아야 한다.

예배를 드린 뒤에는 예배를 통하여, 목사의 설교를 통하여 자신이 은혜를 받았는가, 못 받았는가가 아니라 자신이 드린 예배를 하나님께서 기쁘게 받으셨을지, 아닐지를 생각해 보아야 한다. 하나님께서 받으실 만한 예배를 드렸는지 자신을 돌아보아야 한다. "은혜 많이 받았습니다"보다는 "하나님, 저를 통해 영광 받으셨습니까?"라고 자문하는 것이 더 좋은 태도이다. 예배를 드린 것이지 받은 것이 아니기 때문이다. 그래서 예배자는 "오늘 예배에서 내가 무엇을 얻었는가?"라는 질문으로 교회 문을 나갈 것이 아니라, "나는 오늘 예배로 하나님을 기쁘게 했는가? 내 예배를 하나님이 기쁘시게 받으셨는가?"를 생각해야 한다. 예배자는 받기 위함이 아니라 드리기 위하여 예배에 나와야 하고, 예배시간은 받는 시간이 아니라 드리는 시간이어야 하고, 받고 돌아가려고 하지 말고 드리고 돌아가야 한다.

모든 봉사와 섬김은 바로 예배로부터 시작된다. 교회에서 어떤 사역도 예배보다 우선할 수는 없다. 전도하고 교육하고 봉사하는 것도 중요하지만 그런 것이 예배를 앞설 수는 없다. 따라서 집사들이 봉사를 위해 예배를 소홀히 해서는 안 된다. 집사의 사역이 봉사이고 예배 안내나 헌금위원, 찬양대, 교회학교 교사, 어떤 경우는 점심식사 준비 등 집사의 주일은 전적으로 예배를 위해 봉사하는 날이다. 그래서 봉사하느라 예배를 소홀히 할 위험이 얼마든지 있다. 예배 봉사를 예배드리는 것으로 착각하여 예배 봉사는 잘하지만 예배는 드리지 못하는 경우도 얼마든지 있다. 물론 예배에 빠지지는 않지만 예배는 잠깐 형식적으로 드리고 봉사를 열심히 하는 것을 잘하는 것으로 착각하면 안 된다. 봉사 때문에 예배를 소홀히 해서는 안 된다.

목회 현장에서 교회를 위해 봉사하는 것은 중시하면서 예배는 소홀히 하는 제직들을 종종 본다. 필자가 부목사로 시무할 때 교회에 와서 주일학교 아이들만 가르치고 예배는 안 드리는 어떤 주일학교 교사를 보고 "왜 예배를 안 드리느냐?"고 물으니 그 교사는 "아이들과 같이 주일학교 예배를 드렸습니다. 주일학교 예배는 예배가 아닙니까?"라고 대답을 했다. 그래서 필자는 그 교사에게 "물론 주일학교 예배도 주일예배임에는 틀림없습니다. 그리고 선생님이 그 예배에 참석한 것도 사실입니다. 그러나 반드시 기억해야 하는 것은 예배 참석과 예배드림은 다르고, 예배 봉사와 예배를 드리는 것은 다릅니다. 선생님은 주일학교 아이들의 예배에 참석했고 그 예배를 위해 봉사한 것이지 본인이 예배를 드린 것은 아닙니다. 예배 봉사한 것을 예배드린 것으로 착각하면 안 됩니다. 선생님의 예배를 드려야 합니다"라고 가르쳐 준 일이 있다. 이런 사람은 거의 사역하다가 지치고 영적 침체에 빠지게 된다.

예배 봉사와 예배드림은 다르다. 교회 제직이 예배 안내를 하고 예배 헌금위원으로, 찬양대로 봉사를 하지만 예배 봉사만 하고 예배는 잘 드리지 못하는 경우가 많다. 참으로 위험한 봉사이다. 매 주일 설교는 들었지만, 찬양대에서 찬양은 했지만, 예배 안내는 했지만 자신이 진정으로 하나님께 예배를 드리지 못하고 예배 봉사만 하고 돌아갈 위험도 있다.

그건 목사도 마찬가지이다. 주일마다 예배를 인도하고 몇 번씩 설교를 해도 예배 인도만 하고, 설교만 하고, 예배 봉사만 하고 정작 자신은 예배를 못 드리는 경우도 있다. 설교한다고 예배를 드린 것이 아니다. 그래서 필자가 현장 목회를 할 때는 주일 1부 예배를 봉사자 예배로 드렸다. 주일에 교회 봉사자들은 모두 다 1부 예배에 나와서 먼저 자신의 예배를 드리고 나서 예배 안내를 하든지, 헌금위원을 하든지, 찬양대를 하든지, 각급 부서에서 교사를 하든지 봉사를 하도록 하였다. 예배를 드리지 않거나 소홀히 하면서 교회 봉사를 한다는 것은 적어도 하나님을 향한 봉사가 될 수 없다.

제직들 중에는 예배드림을 형식적인 의례 정도로 생각하여 거추장스럽게 생각하는 경우도 있을지 모른다. 사실 그건 구약 말라기시대에 이스라엘 중에서도 그런 경우가 있었던 것 같다. 그래서 하나님께서는 말라기 선지자를 통하여 예배를 번거롭게 생각하고 소홀히 드린

이스라엘을 꾸중하신 기록을 읽을 수 있다(말 1:13).

　우리는 예배를 통하여 온전한 믿음의 사람이 된다. 예배를 통하여 하나님이 주실 변화를 경험한다. 예배를 통하여 성령님께서 우리의 마음의 상처를 치유하시며, 하나님의 영광에 참여하게 된다. 예배를 통하여 성령님의 임재를 경험하게 된다. 그래서 예배는 사역보다 중요하다.

　예배는 몸과 마음, 정성과 행동 모두를 드리는 것이다. 마음의 정성이 없는 공허한 의식은 참 예배가 아니며, 마음만 있고 행위가 없는 예배도 예배가 아니다. 예배는 지성과 감정과 의지를 다하여 구체적인 행위로 드려야 참된 예배이다. 예배는 마음 깊은 곳에서 우러나오는 사랑과 경외심으로 드려야 하고, 또 구체적 예배 행위를 통해서 하나님을 영화롭게 해야 한다. 우리의 몸과 마음 전체를 드리는 것이 예배이다. 예배는 자신의 모든 본성을 하나님께 복종시키는 것이다. 예배를 통하여 무딘 양심이 살아나고, 거룩한 생각이 힘을 얻고, 닫힌 마음이 열리고, 헛된 생각이 정화되고, 그래서 전인적으로 하나님의 뜻에 복종하게 된다. 몸과 마음 전부를 다해 하나님을 숭배하고 오염되지 않은 순수한 자신을 드리게 된다. 그러므로 예배만이 인간을 근본적으로 온전하게 세운다. 신령과 진정으로 예배하는 것만이 모든 혼돈을 해결하고 인간을 죄에서 해방하는 길이다. 예배는 영적인 삶을 더욱 힘 있고 풍성하게 하고 인생의 무거운 짐을 이겨내고 세상과 맞서 싸울 수 있는 영적인 힘을 제공한다.

예배는 경외심으로 드려야 한다. 참된 예배는 신비로움이 있어야 한다. 하나님을 두려워하며 떨리는 마음이 있어야 한다. 하나님께 대한 경외심이 없이는 참된 예배를 드릴 수 없다. 물론 우리는 하나님 아버지께 친근감을 가져야 한다. 그러나 하나님은 우리가 두려워하고 떨며 무릎 꿇어야 하는 분이다. 두려워 떨리는 마음이 없다면 우리는 하나님을 바로 알지 못하는 것이다. 친밀함과 경외는 다르다. 자녀가 부모와의 친밀감 때문에 부모의 권위에 대한 경외심까지 잃어버리면 잘못된 것이다. 친근감이 공경심을 약화시켜서는 안 된다. 하나님께 드리는 예배도 그렇다. 하나님의 사랑만 받고 경외심을 잃어버리면 잘못된 것이다.

예배자 스스로의 만족을 위하여 드리거나 은혜 받기 위한 욕심으로 드리는 예배도 진정한 예배가 아니다. 은혜는 하나님께서 예배자에게 주시는 선물이지 예배자의 예배를 드리는 목적은 아니다. 하나님을 기쁘시게 하는 것이 예배이다. 예배는 하나님을 경외함으로 하나님을 섬기는 것이다. "예배 본다"는 말도 있지만 그것 역시 예배를 구경한다는 말이 아니라 예배를 통해 하나님을 만난다는 의미이다. 예배는 참관이나 구경이 아니라 하나님을 경외함으로 자신을 온전히 하나님께 바치는 하나님과의 영적 교통을 의미한다. 예배는 설교나 찬양이나 예배자들을 평가하고 구경하고 즐기는 교만한 마음이 아니라 하나님을 향한 경외심을 가지고 두렵고 떨리는 마음으로 참여하고 겸손히 자신을 하나님께 드리는 것이다.

예배를 통하여 하나님은 우리를 축복하시고, 우리 또한 예배를 통하여 온전한 사람이 된다. 성품이 바뀌고 인격이 변화되고 능력을 받고 운명이 바뀐다. 그러나 그것은 하나님께서 우리에게 주시는 은혜이지, 예배를 통하여 우리가 얻어낼 수 있는 어떤 조건은 아니다. 예배의 목적은 나를 온전히 하나님께 바치는 것이다.

우리 시대 교인들의 결정적 문제는 하나님께 대한 경외심의 결여이다. 예배를 드려도 전능하신 하나님 앞에 경외심을 가지고 자신을 드린다는 마음보다는 그냥 예배라는 집회에 참여한 회중 정도로 예배를 생각하는 것 같다.

어느 교회 목사님의 경험담을 들었다. 목사님이 주일 예배시간에 설교를 하시는데 예배에 참석한 여 집사님 한 분이 설교를 들으면서 주보에 뭔가를 열심히 적고 있었다. 목사님은 생각하기를 집사님이 자기 설교를 듣고 감동을 받고 은혜를 받아서 뭔가 결심하는 각오를 적고 있는 것으로 짐작하고 흐뭇한 마음이 들었다. 예배를 마치고 나가는 그 집사님에게 주보를 좀 보여 달라고 했다. 그 집사님은 자신이 예배시간에 주보에 무엇을 적었는지도 잊어버리고 아무 생각 없이 그 주보를 목사님에게 건네주었고, 목사님은 주보에 적힌 메모를 보게 되었다. 그런데 목사님은 주보에 적힌 집사님의 메모를 보고 너무나 놀랐다고 한다. 집사님이 예배 중에 목사님의 설교를 들으면서 주보에 적은 내용은 설교의 내용도, 은혜 받은 자신의 결단이나 각오도 아닌, 자신이 받을 곗돈의 계산과 이웃집 가게에 갚아야 할 외상값을 적어 놓았다고 한다. 그 집사님은 예배시간에 설교는 안 듣고 곗돈과 외상값에 대한 생각을 하면서 주보에 그걸 적었는데 목사님이 착각을 한 것이다.

극히 특별한 경우이겠지만 성도들의 결정적 문제는 예배에 대한 경솔한 태도이다. 성도들은 물론 집사 같은 지도자의 경우에도 예외가 아닌 것 같다. 예배의 경건성이나 하나님께 대한 경외심이 약하다. 필자는 어린 시절 어머니로부터 예배시간의 엄중성에 대하여 무섭도록 훈련을 받았다. 예배시간에는 절대로 떠들거나 장난치면 안 된다는 것을 비롯해서 "예배시간에는 소변이 마려워도 참아야 하고, 날아다니는 벌이 와서 쏘더라도 움직이지 말라"는 엄명이었다. 그때 교회당은 마을 공회당을 빌려서 예배를 드렸기 때문에 여름철이면 파리가 날아다니고 때로는 벌들도 날아다녔기 때문에 실제로 벌에 쏘일 염려도 있었던 때이다. 창피하게도 필자는 예배시간에 소변을 못 참고 실례를 하여 지금까지도 그 교회의 전설처럼 회자되고 있다. 그만큼 예배에 대하여 경외심을 가졌다는 말이다.

오늘날 예배시간에 아이들이 돌아다니고 어른들 역시 예배시간에 늦거나 예배 중에 전화를 받으러 나가는 등 예배에 대한 경외심의 결여는 심각한 영적 문제이다. 이방 종교 이슬람조차도 그가 처한 자리 어디서든 땅바닥에 무릎을 꿇고 머리를 조아리며 예배하는데, 하물며 하나님께 드리는 예배에 경외심이 결여된다는 것은 하나님을 업신여기고 무시하는 태도가 아닐 수 없다. 실제로 하나님은 구약시대에 거룩한 불이 아니라 다른 불로 하나님께 제사드린 아론의 아들 '나답'과

'아비후'를 즉사하게 하심으로 하나님께 드리는 제사가 얼마나 거룩해야 하는가를 보여주셨다(레 10:1-7).

예배는 하나님께 드리는 희생 제사이어야 한다. 예배를 너무 쉽게 준비 없이, 또는 너무 가벼운 마음으로 드려서는 안 된다. 예배는 사람들끼리 모이는 집회와는 다르다. 물론 사랑하는 아버지 하나님과의 만남과 교제이니 즐겁고 행복한 시간이기는 하지만, 예배야말로 엄숙하고 경건하고 진정성이 있어야 한다. 사람들이 예배를 너무 쉽게 생각하는 무서운 실수를 저지르는 경우가 있다. 예배를 너무 쉽게 생각하는 것은 하나의 범죄행위이다.

예배의 원형이라고 할 수 있는 구약시대의 제사를 보면, 그 제사는 자기희생으로 드렸다. 드리는 제물은 바로 자신이었고, 드리는 의식 자체도 엄숙하고 경건한 경외심으로 드렸다.

구약시대에는 그들이 하나님의 거룩한 백성의 삶을 위하여 많은 제사로 하나님께 나아갔다. 모든 제사는 '피', 곧 희생이 전제되었다. 매일 드리는 상번제, 안식일에 드리는 제사, 월초에 드리는 제사, 절기(유월절, 무교절, 초실절, 맥추절<칠칠절, 오순절>, 나팔절, 속죄일, 수장절<초막절>)에 드리는 제사, 그리고 안식년과 희년에 드리는 제사가 있었다. 제사의 종류도 소제, 화목제, 속죄제, 속건제가 있었고, 제사 드리는 방법도 번제, 거제, 요제, 전제가 있었다. 오늘날 그리스도인들이 예배 중심으로 살아가듯이 이스라엘 백성도 하나님께서 모세를 통하여 명하신 레위기 법을 따라 그들의 삶의 중심은 성전이었고 하나님께 제사하는 민족이었다.

그 중에서도 그들의 가장 중요한 제사는 1년에 한 번 드리는 '대속죄일'의 제사였다. 그들은 그렇게 많은 제사로 자신들의 거룩성을 유지하고 하나님과의 관계를 유지했으나, 그럼에도 고의(故意)나 무의식중에 지은 죄들 중에서 해결하지 못하고 지나친 죄들이 쌓이면 거룩성을 상실하고 하나님과의 관계에 문제가 생길 위험이 있으므로 1년에 한 번씩 한 해 동안의 모든 죄를 해결하는 제사, 곧 '대속제일' 제사를 드렸다.

대속죄일 제사 규례를 보면 하나님께 드리는 예배가 얼마나 엄중해야 하는지와 이 제사는 자기희생을 전제하고 있음을 알 수 있다. 대속제일 제사는 대제사장이 1년에 한 번 지성소에 들어가서 드리는 제사로 대제사장도 철저한 준비를 해야 한다. 먼저 자신을 정결하게 하는 예식을 하고서야 지성소에 들어갔다. 대제사장은 먼저 7일 동안 격리되어 자신을 정결하게 준비했다. 대제사장은 지성소에 들어가기 위해 자신을 위해 짐승(수송아지, 수양)의 피로 정결예식을 하고, 몸을 물로 씻고 거룩한 세마포 속옷과 고의를 입고 세마포 띠(견대와 흉패)를 두르고 관을 썼다. 그리고 번제단 위에 피운 불을 향로(부삽)에 담고 곱게 간 향을 가지고 지성소에 들어가 속죄소 앞에 있는 돌판에 분향하여 지성소 안에 향연으로 가득하게 하고, 뒷걸음으로 나와 자신과 가족을 위해 준비한 제물(수송아지)의 피를 가지고 성소로 들어가서 손가락으로 찍어 피를 뿌리는 절차를 진행했다. 제사에서 언제나 필요한 것은 '피'였다. 피는 '희생'을 의미했고, 결국 십자가에서 흘린 주님의 보혈만이 인간의 죄를 사한다는 의미를 가졌다. 제사에는 언제나 '피' 가 있어야 했고, 피는 희생을 의미했다.

물론 오늘 우리의 예배에도 주님의 십자가의 피가 전제된다. 주님께서 십자가에서 피 흘려 자신의 죄를 속량해 주심으로 예배자가 하나님 앞에 담대히 나아갈 수 있다. 그래서 예배는 우리를 위해 희생하신 주님의 십자가의 희생이 전제되고 있음을 기억하고, 예배자 역시 자신의 생명을 드리는 헌신의 마음으로 예배를 드려야 한다. 그러나 아쉽게도 요즈음의 제직들은 예배를 너무 쉽게 생각하는 것 같다.

예배는 편하고 쉽게 드릴 것이 아니라 힘들고 어렵게 드려야 한다. 우리는 성경을 통하여 한 번 제사를 드리기 위해 얼마나 힘든 절차를 거쳐서 거룩하고 성별된 제사를 드렸는지를 알 수 있다. 물론 은혜의 시대를 살고 있는 오늘 우리의 예배는 구약시대의 제사와는 다르지만 그 정신은 잊지 않아야 한다.

참으로 아쉬운 것은 코로나19라는 팬데믹 사태를 맞아 예배를 위한 교회들의 가벼운 대처 방식을 보면서 아쉬움을 금할 수가 없다. 너무나 쉽게 예배를 포기하고 있다. 교회의 생명은 예배이다. 그 예배는 반드시 공동체성이 담보되어야 한다. 비대면 예배도 예배라고 우기지만 그것은 자기 개인적 신앙행위이지 예배라고 하기에는 많은 논의가 필요하다. 그런데 교회들이 너무 쉽게 공동체 예배를 포기하고, 교인들 역시 너무 편한 예배를 선호한다. 예배는 희생이 전제되지만 사람들이 너무 희생 없는 예배를 드린다. 물론 전염병 창궐을 막아 성도들, 나아가서 지역사회나 이웃에 폐를 끼칠 위험을 사전에 방지하기 위한 솔선수범으로 발 빠르게 비대면 예배로 전환했고, 예배는 장소의 문제가 아니며 마음의 문제이고, 가장 좋은 예배는 삶으로 드리는 예배라고 강변하지만, 정말 하나님을 향해 예배하기 위해 자신이 얼마나 희생했는가에 대한 재론이 필요하다. 분명한 것은 성도는 희생을 전제하고 예배를 드려야 한다는 것이다. 어떤 명분으로도 하나님께 드리는 예배는 금지할 수 없고 예배를 소홀히 하면서 온전한 신앙을 갖기는 어렵다. 예배를 너무 쉽게 드리지 말고 좀 어렵게 준비하고 힘들여서 드려야 할 것이다.

신앙인으로서의 삶에서 중요한 것은 의식으로서의 예배뿐 아니라 삶으로 드리는 예배 또한 중요하다. 예배자는 세상의 삶에서도 예배자의 삶을 살아야 한다. 주일이나 정해진 공예배시간에 교회에 모여 함께 하는 의식으로서의 예배도 중요하지만, 또 하나 중요한 것은 그의 삶을 예배자로 살아야 한다는 것이다. 공적으로 드리는 예배가 중요하지만, 동시에 자신의 삶으로 드리는 사적 예배도 중요하다는 말이다. 이것이 다른 종교의 예배와 우리가 섬기는 하나님을 향한 예배와의 차이이다.

다른 종교의 경우 아무렇게 살다가도 복채(卜債)만 많이 가지고 찾아가서 복을 빌면 되는, 복채(卜債)의 양(量)이 신에게 바치는 정성의 양(量)이 되지만, 우리 하나님은 내가 드리는 헌금보다 나 자신의 삶을 받으시기를 원하신다. 평일은 자신의 삶의 현장에서 거룩한 삶을 하나님께 드려 예배하고, 주일은 교회에서 모든 믿음의 가족들과 함께 일정한 예배 의식으로 하나님께 예배드리고, 거룩한 공동체 안에서 사랑의 교제를 나누고, 그 받은 은혜와 능력과 결단으로 다시 한 주간을 세상에서 예배하는 삶을 살아야 한다.

예배는 종교 행사가 아니다. 하나님께 자신을 드리는 것이다. 그래서 가장 중요한 것은 하나님께서 자신을 받으셔야 한다는 것이다. 하나님께 많은 예배 제물을 드리지만, 하나님이 가장 기뻐하시는 제물은 삶으로 예배를 드린 나 자신이다. 하나님은 내 마음만이 아니라 몸도 받으시기 원하신다. 그래서 예배는 나의 몸과 마음을 다하여 드려야 한다.

하나님께서 가장 기뻐하시는 제물은 자신의 삶의 열매이다. 하나님은 주일 하루, 교회에서만 섬김을 받으시는 하나님이 아니시고, 나의 모든 시간, 모든 곳에서 모든 일을 통하여 섬김 받으시기를 원하신다. 특히 거룩한 삶으로 준비된 자신의 몸과 마음 전부를 다 받으시기 원하시는 하나님이시다. 거룩한 삶이란 거룩한 행위, 사람다운 삶만이 아니라 구체적 신앙생활, 곧 항상 기도하고 늘 찬송하며 말씀을 묵상하고 복음을 전하는 구체적, 신앙적 삶까지를 포함한다. 내가 하는 생업, 직업까지도 단순히 자신의 생존을 위한 도구가 아니라 하나님을 영화롭게 하는 수단으로 쓰임 받도록 해야 한다. 곧 자신이 하는 일, 자신의 직업, 세상에서의 자신의 직책이나 지위, 자신의 권한이나 의무까지도 하나님을 영화롭게 하기 위한 도구로 사용해야 한다.

하나님은 우리가 단순히 도덕적인 사람이기를 원하시는 것이 아니라 하나님을 경외하고 기도와 찬송과 말씀으로 함께하기를 원하신다. 하나님은 우리가 착한 사람이 될 뿐 아니라 하나님의 자녀로 살아가기를 원하신다. 마음만이 아니라 몸으로, 그리고 구체적인 신앙행위로 하나님과 동행함으로 하나님을 섬기는 삶이 되기를 원하신다. 그것이 삶으로 드리는 예배이다. 그래서 성도들은 주일 교회당에 모여 거룩한 공예배로 예배하고, 평일은 자신의 삶의 현장에서 사적 삶의 예배로 예배하는 예배자가 되기를 원하시며, 집사는 모든 사람 앞에 예배자의 모범으로 살아가기를 원하신다. 잘못하면 주일은 성도로 살지만 평일은 불신자처럼 살기 쉽다. 기독교인은 주일만 교인으로 살 것이 아니라 매일을 교인으로 살아야 한다.

하나님은 매일을 교인으로 살아가는 사람을 받으신다. 평일은 하나님 없이 자기 마음대로 살다가 주일에 교회에 와서 거룩한 척 예배한다고 하나님이 속지 않으신다. 매일의 삶의 열매로 자신을 드리는 예배를 하나님이 기뻐하신다. 특히 교회 지도자인 집사들의 삶은 Sunday 크리스천이 아니라 Everyday 크리스천이어야 한다. 평일에도 그리스도인으로 살아가는 사람이어야 주일에도 온전한 예배자가 될 수 있다. 말씀 따라 살고 기도하며 하나님과 동행하는 삶은 주일에도, 평일에도 계속되어야 한다. 매일의 삶의 예배를 바로 드리는 사람이어야 주일예배도 바로 드릴 수가 있다. 하나님은 주일만이 아니라 평일에도 우리 하나님이시고, 주일만이 아니라 매일 우리와 함께하기를 원하신다. 그래서 온전한 그리스도인은 매일 매 순간마다 하나님과 동행하는 사람이다. 예배는 하나님과 영적 만남이지 단순한 종교 의식이나 종교 행사가 아니다.

3) 집사의 예배 준비

예배는 준비하여 드려야 한다. 아무리 세련되고 그럴듯한 예배라고 해도 예배자들의 정성된 준비가 없이 즉흥적으로 드리는 예배는 하나님께서 기뻐 받으시는 예배가 될 수 없다. 하나님께 드릴 예배는 먼저 자신의 심령을 준비하여야 한다. 자신이 바칠 예배의 제물(찬송, 기도, 헌금, 성례전 등 예배 순서)도 하나님이 받으셔야 하지만, 먼저 예배자 자신을 하나님께 제물로 드려야 한다. 그래서 예배는 자신을 제물로 준비하는 것이 가장 중요하다. 주일을 기다리며 한 주간 동안 자신의 삶으로 자신을 예배자로 준비해야 한다. 곧 거룩한 삶으로 준비하라는 말이다. 주일은 의식으로 예배를 드리는 날이지만, 평일은 삶으로 자신을 예배 제물로 준비하는 날이다. 즉, 매일의 삶은 준비하는 예배이고, 주일은 예배 의식의 참여로 예배를 드리는 날이다. 한 주간을 경건하게 살아야 주일에 영과 진리로 예배할 수 있다.

경건하게 삶으로 예배를 준비하고, 영과 진리, 진정의 예배를 드리고, 예배의 능력으로 사는 것이 신앙생활이다. 일상의 삶은 말씀을 묵상하고 실천하고 기도하고 의를 행함으로 예배자로서 자신을 온전히 준비하는 삶이어야 한다. 예배를 드리기 위하여 몸과 마음을 준비하고 물질(현금)을 준비하는 시간들이다. 준비된 몸과 마음과 물질을 드려 주일에 예배를 드리는 것이 정상적인 신앙인의 예배생활이다. 예배 후에는 그 예배가 삶으로 연장되고 변화된 하나님의 사람으로 살아가는 것이 하나님을 예배하는 사람들의 정상적인 삶이다.

마태복음 5장 23~24절은 "그러므로 예물을 제단에 드리려다가 거기서 네 형제에게 원망들을 만한 일이 있는 것이 생각나거든 예물을 제단 앞에 두고 먼저 가서 형제와 화목하고 그 후에 와서 예물을 드리라"고 말씀한다. 자신을 잘 준비하고 예배를 드리라는 말이다. 예배자, 특히 교회 제직들이 예배시간 직전까지 한가하게 앉아서 잡담을 하고 쓸데없는 뒷담화를 즐기다가 예배시간 정각에야 헐레벌떡 예배당에 들어가 예배를 드리는 그런 예배는 온전한 예배가 아니다.

필자가 시무한 교회에서는 모든 성도들이 예배시간 10분 전에 예배당에 들어가 준비 기도를 하고 예배를 드리도록 제도화했었다. 예배를 인도하는 예배위원도 10분 전에 들어가 준비하고 예배를 드리도록 했다. 사실 교인이 예배시간에 늦거나 빠진다는 것은 이미 하나님에 대한 경외심을 상실한 것이고, 준비 없이 드리는 헛된 제물을 드리는 잘못된 예배이다. 비록 예배에 참여는 했지만 예배를 드렸다고는 할 수 없다.

하나님께 드릴 예배의 제물 역시 잘 준비해야 한다. 레위기 22장 17~20절에서는 "여호와께서 모세에게 말씀하여 이르시되 아론과 그의 아들들과 이스라엘 온 족속에게 말하여 이르라 이스라엘 자손이나 그 중에 거류하는 자가 서원제물이나 자원제물로 번제와 더불어 여호와께 예물로 드리려거든 기쁘게 받으심이 되도록 소나 양이나 염소의 흠 없는 수컷으로 드릴지니 흠 있는 것은 무엇이나 너희가 드리지 말 것은 그것이 기쁘게 받으심이 되지 못할 것임이니라"고 말씀한다.

예배자는 먼저 자신을 하나님께 드릴 수 있도록 준비하고, 자신이 하나님께 드릴 예배의 제물도 잘 준비해야 한다. 그래서 예배가 진정성 있는 예배, 간절함이 있는 기도, 헌신이 있는 헌금, 사랑이 있는 봉사로 드려져야 한다.

자신뿐 아니라 자신이 드릴 제물도 흠 없는 것으로 잘 준비하라는 말이다. 하나님께 드리는 예배의 제물, 모든 예배 의식으로 드리는 제물이 다 거룩할 수 있도록 준비된 예배를 드려야 한다. 그래서 참된 예배는 먼저 예배자 자신이 준비가 되고, 다음으로 예배의 제물(모든 예배 순서나 헌신과 헌물)이 온전히 준비된 예배를 바쳐야 한다는 말씀이다. 하나님은 흠 없는 제물을 받으시기 원하신다. 예배를 드리는 자신도, 자신이 드리는 제물도 다 흠 없이 준비된 예물을 하나님께 드리도록 해야 한다. 그 예배의 제물은 구체적으로 다음과 같이 준비해야 한다.

구약시대 제사장들은 백성들이 드린 제물을 하나님께 드리는 제사를 집례하기 전에 먼저 자신들을 위한 정결예식을 하고서야 제사를 드린 것을 기억할 필요가 있다.

교단 헌법 제4편 예배와 예식 제2장에서는 예배자가 먼저 예배를 위해 기도로 준비하도록 다음과 같이 규정하고 있다(예배와 예식 2-1-1-1).

"예배에서의 기도는 그리스도인들이 하나님을 찾는 첫 행위로서 하나님 앞에 예배를 드리기 위하여 성전에 모인 예배자들이 가져야 할 가장 기본적인 행위이다. 이 기도와 함께 예배자들은 하나님의 백성으로서 예배의 자세를 가다듬어야 한다. 이때의 기도는 개인적인 소원을 하나님께 아뢰는 것이 목적이 아니라 하나님의 무한한 권세를 경배하며, 하나님의 말씀에 불순종했던 죄를 고백하는 내용이 먼저 있어야 한다. 그리고 죄인 된 자신이 예수 그리스도의 구속의 공로와 성령님의 은혜의 도우심 가운데 예배드릴 수 있도록 용납해 주실 것을 기도함이 마땅하다."

이처럼 모든 예배자는 예배를 드리기 전에 먼저 기도로 준비해야 하고, 이는 "예배자들의 기본적인 행위"이다.

예배를 드리는 예배자뿐 아니라 예배를 위해 봉사하는 예배 봉사자(예배 안내, 헌금위원, 예배 기도자, 새 가족 영접위원, 찬양대원)는 단순히 준비하는 기도 정도가 아니라 예배를 봉사하기 전에 먼저 자신을 드리는 예배를 드리고 봉사해야 한다. 예배를 드리는 것과 예배를 봉사하는 것은 다르기 때문이다. 일반적으로 많은 예배 봉사자들이 예배 봉사를 예배드림으로 착각하여 주일에 예배 봉사만 하고 자신의 예배는 온전히 드리지 못하는 경우가 많다. 예배 참석이나 예배 봉사와 예배드림은 다르다.

교회도 봉사자를 위한 예배를 계획하여 봉사자 예배를 먼저 드리고 봉사자들이 예배를 위해 봉사하도록 하는 것이 좋다. 예배 봉사와 예배자가 되는 것은 다르다. 예배 봉사가 곧 예배는 아니다. 예배는 모든 순서를 거룩하게 영과 진리로 드려야 한다. 마음으로 성령의 임재를 갈망하며 자신을 하나님께 드려야 한다. 몸과 마음을 집중하여 마음과 뜻과 정성을 다하여 예배에 집중하여야 한다.

예배를 위해 봉사할 경우에는 다른 사람의 예배를 도와야 하기 때문에 자신의 예배에만 집중하기 어렵다. 그래서 자신을 위한 예배를 먼저 드리고 예배를 봉사하는 것이 좋다. 일반적으로 주일 1부 예배를 봉사자 예배로 드리는 것이 좋을 것이다. 봉사자 예배를 드리지 못하는 경우 예배 봉사를 하지 않는 것이 좋다. 예배로 준비한 사람만이 예배 봉사를 하는 것이 옳다. 예를 들면, 찬양 연습을 하지 않은 찬양대원은 비록 음악 전공자이고 연습하지 않아도 훌륭하게 찬양할 수 있는 음악적 능력을 가졌다고 해도 그날은 찬양을 하지 않는 것이 좋다. 자기 재능만 믿고 준비 없이 찬양대에 서는 것은 불경한 태도이기 때문이다. 아무리 기도에 능숙한 제직이라고 해도 먼저 와서 기도로 준비하지 않은 제직은 예배 기도를 인도하지 않는 것이 좋다. 예배 안내를 비롯한 모든 예배 봉사도 다 준비 없이 하는 것은 삼가야 한다.

교회는 교회의 모든 사역 중에서 예배 사역을 가장 우선으로 해야 한다. 특히 예배 순서를 맡아 섬기는 예배위원들은 자신이 맡은 예배 순서를 통하여 온전히 헌신되어 드려져야 한다. 그래서 모든 예배 순서를 자신을 제물로 드리는 마음으로 드려야 한다. 이것 또한 마음의 준비가 필요하다.

또한 집사는 예배를 드리는 각 순서의 의미를 정확히 알고 자신은 물론 예배자들이 바른 예배를 드릴 수 있도록 지도하고 안내할 필요가 있다. 아무리 좋고 중요한 일이라도 그 의미를 모르거나 성실하고 진지하지 못한 참여는 무의미하듯이 예배 역시 성실성이 없이 영과 진리로 드리지 않는 예배는 하나님께 영광이 되지 못하고 하나님께서 기뻐받으시지 않는다. 예배 가운데 임하시는 성령의 역사에 참여할 수 없고, 또 예배를 통해 임하시는 하나님의 은총에 참여할 수 없다. 따라서 예배의 의미에 대한 깊은 이해와 준비가 필요하다.

찬송은 단지 노래가 아니라 마음을 다해 하나님을 영화롭게 하고 하나님을 높이는 순서이다. 곡에 맞추어 아름다운 목소리로 정성을 다해 불러야 하지만 더욱더 중요한 것은 하나님이 받으시는 찬양이 되도록 해야 한다. 아름답게 잘 불러야 하지만 하나님이 받으심에 더 마음을 모아야 한다. 물론 작곡자나 작사자의 의도가 하나님을 향한 헌신이기에 작곡자의 의도와 작사자의 마음을 잘 헤아려 부르는 찬송이 좋은 찬송이다. 그러나 곡에 맞추어 정확하고 아름답게 불러도 찬양을 드리는 사람의 마음에 하나님께 대한 경배가 없어서 하나님이 받지 않으신다면 그건 찬양이 아니라 단지 노래일 뿐이다. 하나님은 잘 부르는 노래보다는 음정이 틀리고 박자가 안 맞아 노래로서는 부족해도 찬양하는 사람의 마음을 받으신다. 노래 잘하는 것이야 하늘의 천사들을 따라갈 수 없을 것이다. 그럼에도 하나님이 우리의 찬양을 받으시는 것은 우리 마음속에 담긴 하나님을 향한 경배와 헌신이 들어 있기 때문이다. 성도들은 노래가 아니라 찬양을, 사람들이 아니라 하나님을 위해 찬양을 드려야 한다.

찬양을 담당하는 찬양대 역시 멋진 노래를 불러 예배에 참석한 성도들을 즐겁게 하고 음악 실력을 과시하여 칭찬받는 데에 목적을 두는 것이 아니라 자신들이 온 성도들을 대표해서 찬양의 제물을 하나님께 드리고 있음을 기억해야 한다. 그래서 찬양대원들이 기억해야 할 것은 찬양을 듣는 회중이 아니라 찬양을 받으시는 하나님을 의식하고 하나님께 바치는 찬송을 찬양해야 한다. 성도들 역시 찬양대가 부르는 찬양을 평가하고 감상하는 시간이 아니라 찬양대와 함께 자신의 찬양을 하나님께 올려 드리는 시간으로 생각하여 마음으로 함께 하나님께 찬양해야 한다.

기도 역시 그렇다. 하나님의 영광을 위해 자신을 드리는 기도가 되어야 한다. 자신의 소원 성취를 위한 기도가 아니라 자신을 하나님께 드리기 위해, 하나님께 순종하고 하나님의 뜻에 복종하기 위해 드리는 기도여야 한다. 간구하는 기도조차도 헌신의 기도가 되어야 한다.

성도들을 대표해서 기도를 드리는 예배 기도 담당자는 경배와 감사와 찬양과 자복과 은혜의 말씀을 사모하는 내용으로 드려야 한다. 자신의 소망이나 소원을 아뢰는 것이 아니라 기도의 제사장이 되어 온 성도들의 헌신의 마음과 거룩한 간구를 모아서 하나님께 향내 나는 제물로 바친다는 마음으로 기도해야 한다.

무엇보다도 예배 기도를 인도하기 전에 반드시 성경을 묵상하며 하나님과 더불어 교제하기 위한 준비를 해야 한다. 또한 공중예배의 기도를 위하여 자기 마음을 안정시키고 목사가 설교를 준비하듯 기도를 준비하며 마음과 몸을 경건하게 준비해야 한다(예배와 예식 2-1-1-6).

모든 기도는 예수님이 명하신 대로(요 15:16) 예수 그리스도의 이름으로 드려야 한다. 이는 죄인 된 우리는 감히 하나님께 기도할 수 없고, 오직 예수님의 십자가의 공로를 의지하여 주님의 이름으로 하나님께 기도할 수 있기 때문이다. 기도에 주님의 인증이 있어야 하나님께 드려지는 기도가 된다는 의미이기도 하다. 사람들은 오직 주님의 이름으로 하나님께 나아갈 수 있다.

성도들은 기도 인도자와 더불어 경건한 태도여야 하며, 한마음으로 기도드리고 아멘으로 응답해야 한다.

헌금 또한 돈을 드린다는 마음이 아니라 자신을 제물로 드리는 헌신의 표로 드려야 한다. 온전한 십일조는 자신의 모든 소유가 하나님의 것임을 인정하는 것이며, 헌금은 자신의 생명을 드린다는 진정성을 가지고 드려야 한다. 또한 하나님께 드리는 헌금은 깨끗하게 준비된 제물이어야 한다. 정당한 노력의 대가로 수입된 돈, 거룩하게 준비된 돈이어야 한다. 돈을 드리는 것이 아니라 자신의 삶, 자신의 생명을 바친다는 마음으로 드려야 하기 때문이다. 헌금은 교회 운영을 위한 모금이 아니며 구제를 위한 기부(寄附)도 아니다. 자신의 신앙고백으로 드리는 제물이며 자신의 모든 소유가 다 하나님의 것임에 대한 고백이다. 또한 이 땅에서 살아가는 동안 모든 물질이 다 하나님께 속하였음을 고백하며 자신의 장래까지 하나님께 맡기는 제물이다.

특별히 예배의 중요 순서인 말씀 선포는 그 시간 세우신 하나님의 종을 통하여 자신에게 선포하시는 하나님의 명령으로 들어야 한다. 하나님께서 당신의 종을 통하여 자신에게 주시는 하나님의 명령을 듣는 시간이 되어야 한다. 따라서 성도들은 목사의 설교를 평가하는 것이 아니라 자신에게 주시는 하나님의 명령을 들어야 한다. 자신의 삶의 문제에 대한 대답으로, 자신이 가지고 있는 현실적 문제에 대한 해결책을, 그리고 오늘 이 시대 속에서 자신이 어떻게 살아야 하는가 하는 삶의 방법을 하나님의 말씀을 통하여 듣는 시간이어야 한다.

설교자가 누구든 그 시간만은 하나님의 말씀의 대언자로 믿고 그 말씀을 들어야 한다. 예배 가운데서 선포되는 이 말씀을 통하여 성도들은 하나님과 늘 새로운 만남을 가져야 하며, 믿음 속에서 하나님의 자녀가 되는 확신과 구원의 은총을 계속 받아야 한다. 하나님께서는 기록된 말씀(성경)과 선포되는 말씀(설교)과 체험하는 말씀(성례전)을 통하여 오늘 내가 여기서 어떻게 살아가야 할 것인가를 말씀하신다. 성도들은 이 말씀을 통하여 자신의 믿음을 세우고 자신의 문제를 해결하고 자신에게 명하시는 사명을 깨닫고 하나님의 자녀로 살아가야 한다. 따라서 교회는 담임목사나 당회의 허락 없이는 누구도 설교하는 것을 허락하지 않아야 한다.

성례전은 행동으로 표현되는 보이는 하나님의 말씀이다. 곧 성례전은 복음을 체험하는 일이다. 우리 주님이 자신을 위하여 십자가에서 피 흘리시고 살을 찢으셔서 우리 죄를 사하시고 우리를 구원하신 참으로 위대한 구원 사역을 몸으로 체험하고 참여하는 예식이 바로 성만찬이다.

문자로 기록된 말씀(성경)과 선포된 말씀(설교)과 같이 성례전은 예수 그리스도를 행동으로 모든 사람에게 선포하는 하나님 말씀의 연속이다(예배와 예식 2-1-2-9).

성례전은 세례 성례전과 성찬 성례전이 있다. 예수님께서 친히 세우신 거룩한 예전으로 하나님이 사람에게 주시는 은총의 보이는 형태이다. 성례전에 사용되는 물과 떡과 포도즙은 비록 물질로 만들어졌으나 그것을 통하여 하나님과 그 백성들 간의 관계를 분명히 하고 예수 그리스도와 영적 교제를 가지고 그와 성도들과의 구속적 관계를 가지게 된다(예배와 예식 2-2-1-1).

성례전은 예수님께서 친히 은혜를 베푸시는 방법으로 교회를 위하여 세우셨다. 그러므로 교회는 어디서나 이 예전을 자주 또 정당하게 거행하여 신령한 유익을 얻도록 해야 한다(예배와 예식 2-2-1-2). 성례전은 어떠한 형편을 막론하고 평신도가 집례할 수 없고, 반드시 이를 위해서 부르심을 받은 목사에 의해서 집례되어야 한다. 집례의 장소는 교회가 되어야 함이 원칙이나 특별한 경우 그 외의 장소에서도 당회의 결정에 따라 교회를 대표하는 교인들의 참석하에 집례할 수 있다

(예배와 예식 2-2-1-3).

세례 성례전은 죄인이 죄를 용서받고 그리스도의 사람이 되는 하나님의 은총의 표시이다. 세례는 그리스도의 보혈을 통한 죄의 씻음과 그리스도의 죽음과 부활에의 참여와 중생을 의미한다. 이로써 성도가 성령 안에서 그리스도와 연합하여 그의 몸의 지체가 되고, 자신에 대하여 완전히 죽고 예수 그리스도 안에서 하나님을 위하여 사는 새로운 삶을 살게 된다. 이때부터 교회의 책임적인 구성원이 되어 의무와 권리를 갖게 된다(예배와 예식 2-2-2-1).

세례는 예수 그리스도를 구주로 영접하고 신앙을 고백하여 교인이 되고자 할 때 받는다. 세례는 기독교 신앙의 본질과 거기에 수반되는 의무와 권리에 대한 교육을 받고 적절한 신앙문답을 한 후 신앙고백을 하고 당회의 결의를 거쳐서 공중예배에서 세례를 받는다. 세례예식은 전체 교회의 행위이므로, 공중예배에서 회중의 참여 가운데 베풀어져야 한다. 임종을 맞는 이의 경우, 목사의 인도로 신앙고백 후에 먼저 세례를 베풀고 후에 당회에 보고할 수도 있다. 세례의 물은 죄 씻음과 하나님의 언약의 은총을 의미하며 반드시 성부, 성자, 성령의 이름으로 베풀어야 한다.

부모 가운데 한 사람 이상이 세례교인일 때 유아에게도 세례를 베풀 수 있다. 구약시대에 할례를 통하여 유아도 은총의 언약 아래 있게 했던 것처럼 예수님께서 세우신 새 언약에 들어가는 표로 유아에게도 세례를 베푼다. 유아세례는 그들이 신앙으로 응답할 수 있기 이전에 부모의 신앙고백으로 하나님의 사랑을 받고 있는 자녀임을 증거하는 표로 베풀 수 있다. 유아세례를 받은 사람은 장성해서 스스로 예수 그리스도를 구주로 고백하고 하나님의 은총에 대한 개인적인 고백을 하면 입교예식을 통하여 교회는 그에게 교인으로서의 의무와 권리를 부여한다. 회중 앞에서 이 사실을 확인하고 입교인 됨을 공포하여 교회 공동체의 일원이 되게 한다.

성찬 성례전은 예수님께서 십자가의 수난을 당하시기 전날 밤 제자들과 유월절 식사를 하시면서 제정하신 것으로 떡은 주님 자신의 몸이요, 잔은 주님의 피라고 하셨다. 주님의 십자가의 보혈과 찢기신 살을 의미하는 것으로 사람들의 죄를 사하여 주시려는 약속의 표라고 하셨다. 그리고 성찬식을 행할 때마다 주님의 십자가에서 흘리신 피를 생각하고 기념(회상, 재현)하라고 하셨고 다시 오실 때까지 이 예전을 행하라고 하셨다. 이 예전은 그리스도 안에서 세례 받은 모든 성도와 함께 교제하고, 하나님 나라의 백성의 즐거운 잔치와 어린양의 혼인 잔치의 기쁨을 미리 맛보는 예전이다. 특히 성찬예식은 우리 모두가 주님의 십자가의 희생을 통하여 구원받았고, 또 모든 성도들은 다 함께 주님의 피와 살을 나눈 한 가족임을 확인하는 예식이다. 그래서 성찬예식에 참여하는 사람들은 성찬을 나눌 때 주님의 말씀과 성별의 기도 속에 영적으로 임재하신 주님을 만나는 경험을 갖도록 하며, 그의 새 언약에 참여하면서 기쁨과 감사와 소망을 가지고 살아야 하고, 참여한 모두가 한 가족, 한 공동체임을 나누어야 한다(헌법 제4편 예배와 예식 2-2-3 성찬 성례전 참조).

성례의 유익은 성례 자체로 말미암음도 아니요, 성례를 베푸는 자의 덕으로 말미암음도 아니다. 다만 그리스도의 복 주심과 믿음으로써 성례를 받는 자 가운데 계신 성령의 역사하심에 있다(헌법 제1편 교리 2부 신조 10조).

집사의 교회 섬김과 봉사 중 가장 중요한 봉사는 예배이다. 예배를 온전히 드릴 수 있는 것이 온전한 신앙인이 된다는 말이다. 신앙생활은 예배생활이다. 그러므로 집사는 예배에 관한 깊은 이해를 가지고 봉사하여야 한다. 집사들은 예배와 예식의 중요성과 거룩성을 인지하고 성도들로 하여금 거룩한 예식에 의미 있게 참여하도록 하는 거룩한 봉사자가 되어야 한다.

9
집사의 물질생활

이 땅에 살아가는 사람들에게 있어서 가장 중요한 것이 물질일 것이다. 물론 그것이 삶의 목적은 될 수 없지만 중요한 삶의 수단이라고 할 수 있다. 인간은 물질세계에 살고 있고 물질로 살아가고 있기 때문에 생존을 위해 절대적으로 필요한 것이 물질이다. 예수님은 "네 보물 있는 그 곳에는 네 마음도 있느니라"(마 6:21)고 말씀하셨다. 예수님은 사람들이 소유한 물질을 보물이라고 하셨고, 사람들이 물질을 가장 중시할 것이라고 말씀하셨다.

1) 집사의 물질관

성도들, 특히 제직들은 정확한 물질관을 가지고 있어야 한다. 사람들은 마치 물질을 멀리하고 물질로부터 자유한 것을 성숙된 표상처럼 생각하는 경향이 있다. 그래서 "황금 보기를 돌같이 하라"는 고려 말기의 명장 최영(崔瑩, 1316-1396) 장군의 말을 선비정신의 표준으로 생각하기도 한다. 옛 선비들은 청빈의 삶을 최고의 덕으로 생각하기도 했다. 성도들 가운데서도 신앙이 좋을수록 물질을 경원시하거나 죄악시해야 한다고 잘못 알고 있는 경우를 본다. 그러나 그것이 정답이 될 수는 없다. 물질 자체는 선하지도 악하지도 않다. 그것을 어떻게 사용하는가에 따라 선할 수도 있고 악할 수도 있다. 하나님께서 사람을 물질을 통해서 생존하도록 창조하셨고 물질을 생존의 수단으로 주셨다. 성도들은 이 물질의 주인이 온 세상의 창조주이신 하나님이심을 믿고 (시 50:10-11), 물질을 하나님의 축복으로 받아야 한다.

하나님께서는 학개 선지자를 시켜서 "은도 내 것이요 금도 내 것이니라"고 하셨다(학 2:8). 제직은 만물을 창조하신 하나님이 지금 내가 가진 모든 것을 주셨고 내 모든 소유의 주인은 하나님이시고 이 물질을 통하여 하나님을 영화롭게 해야 한다는 물질에 대한 바른 태도와 거룩한 물질관을 가져야 한다. 물질은 더럽고 추하거나 경원시할 대상도 아니지만, 하나님보다 더 귀히 여기고 의지하고 믿을 대상도 아니라는 것을 기억하여야 한다. 그리고 필요한 물질은 하나님께서 반드시 공급하신다는 확신을 가지고 물질에 있어서도 당당해야 한다(빌 4:11-12).

물질은 우리가 이 땅에 사는 동안 하나님을 섬기고 의를 행하고 복되게 살게 하기 위하여 우리에게 주신 하나님의 축복이다. 하나님의 소유권을 인정하고 언제나 필요한 만큼 우리에게 일용할 양식으로 주실 하나님께 감사하며 물질 앞에 당당할 수 있어야 한다.

2) 물질의 청지기 의식

하나님께서 주신 물질은 잘 사용해야 한다. 물질은 하나님의 축복이지만 잘못 사용하면 도리어 저주가 될 수 있기 때문이다. 신앙인의 물질에 대한 기본 이해는 물질의 소유권은 하나님께 있고 자신은 그 물질을 위탁받아 사용하는 '청지기'라는 사실이다. 주인이 아니고 '관리인'이라는 말이다. 주인의 명령을 따라 주인의 뜻대로 사용하는 물질 사용의 심부름꾼임을 기억해야 한다.

물질은 하나님이 창조하셨고 우리에게 사용하라고 주셨다. 성경은 세상 모든 물질은 만물의 주재이신 하나님의 장중에 있고 모든 부귀영화도 다 하나님이 주신다(대상 29:12)고 하셨다. 그래서 다윗은 자신이 성전을 위해 물질을 드리면서 "주의 손에서 받은 것으로 주께 드렸을 뿐이니이다"(대상 29:14)라고 고백한다. 물질은 다 하나님의 것이고 하나님으로부터 받았다. 사람은 물질을 하나님의 뜻에 따라 사용해야 할 청지기적 사명이 있을 뿐이다(신 4:1, 8:7; 고전 3:21-23). 물질에 대한 청지기 의식을 잃어버리고 하나님의 것을 자신의 것으로 소유하려는 욕망에 빠져서 물질이 삶의 목적이 되어 버릴 때 사람은 물질 앞에 비굴하게 되고 교만에 빠지게 된다. 그래서 디모데전서 6장 10절에서는 하나님께서 축복으로 주신 물질이 도리어 "일만 악의 뿌리가 된다"고 경고하고 있다. 올바로 사용하면 축복이지만 잘못 사용하면 저주가 되는 것이 물질이다.

물질은 하나님께서 인간에게 생존의 수단으로 주신 것이지 생존의 목적으로 주신 것이 아니다. 그래서 교회를 섬기는 제직들에게 참으로 중요한 것은 바른 물질관이다. 사람이 소유하고 있는 물질에 대한 태도는 한 사람의 삶의 가치관이 되며 삶의 우선순위나 관심사를 결정하며 사람의 삶의 목적에도 영향을 준다. 물질에 대한 잘못된 이해 때문에 돈이 있다고 교만해지고 돈이 없는 사람을 무시하게 되고, 반대로 물질이 없다고 비굴하게 되기도 한다. 잘못된 물질관이 "하나님의 나라와 하나님의 의"보다는 "무엇을 먹을까 마실까"에 관심을 갖게 하고 결국 세상 욕망에 빠지게 만든다.

주님은 "낙타가 바늘귀로 나가는 것이 부자가 하나님의 나라에 들어가는 것보다 쉬우니라"(막 10:25)고 부(富)의 위험성을 경고하셨고, "너희가 하나님과 재물을 겸하여 섬기지 못하느니라"(마 6:24)고 하셨다. 사람에게 먹고 사는 문제가 중요하지만, 그럼에도 불구하고 하나님의 사람들의 주요 관심은 "먼저 하나님의 나라와 하나님의 의"(마 6:33 참조)가 되어야 한다. 그것이 바로 물질 문제의 해결 방법이다.

주님은 "사람의 생명이 그 소유의 넉넉한 데 있지 아니하니라"(눅 12:15)고 말씀하셨다. 물질의 많고 적음이 사람의 생명에 영향을 줄 수 없다는 말씀이다. 집사는 특히 교회 섬김에 있어서 물질 사용이 온전해야 한다. 집사는 교회의 재정(물질)을 관리해야 하는 직임이기 때문에 더욱더 물질에 대한 바른 자세를 가져야 한다.

물질에 대한 청지기로서의 우선적인 과제는 물질의 정당한 수입의 문제이다. 사람이 물질의 노예가 되어 탐욕에 빠지지 않아야 된다. 물질에 대한 지나친 염려로 "무엇을 먹을까, 무엇을 마실까, 무엇을 입을까" 염려하지 말고, 먼저 "하나님의 나라와 하나님의 의"를 구해야 한다. 정당한 땀의 대가로 물질을 소유해야 하고, 거룩한 사업을 위하여 정당한 수입을 가져야 한다.

하나님께서는 공중 나는 새를 먹이시고, 오늘 있다가 내일 아궁이에 던져지는 들풀도 입히시고, 우리에게도 일용할 양식을 주시는 분이다. 그렇다고 우리가 하나님만 바라보고 무위도식(無爲徒食)하라는 말은 아니다. 하나님은 나무 위에 앉아 졸고 있는 새를 먹이신다는 것이 아니라 "공중에 나는 새"를 먹이신다. 하나님의 자녀들은 자신에게 주신 생업을 따라 게으르지 말고 부지런히 노력해야 할 책임 또한 부여받았다. 그것 역시 물질에 대한 인간의 청지기 의식이다. 먼저 하나님의 나라를 구해야 하지만(마 6:25-34) 정직하고 부지런하게 자기 양식을 구해야 한다(살후 3:12). 물론 부당한 이를 취하거나 부정한 수입이 아니라 정직한 땀의 열매를 구하는 물질 수입의 청지기 책임도 잘 감당해야 한다.

중요한 것은 물질, 부의 축적이 삶의 목적이 되어서는 안 된다. 위에서 설명한 것처럼 모든 소유, 모든 물질은 사람의 삶의 수단이지 결코 목적일 수 없다. 그리스도인들은 기본적으로 삶에 필요한 모든 물질과 양식은 하나님의 자녀다운 거룩한 삶을 위해서 쓰도록 하나님께서 주신 선물임을 기억(마 6:25-33)해야 한다. 자신에게 주어진 직업역시 하나님의 축복의 통로로 기억하고 최선을 다함으로 삶의 수단인 물질을 얻어야 한다. 물질에 대한 청지기 사명은 물질의 사용만이 아니라 물질의 획득에도 적용되는 사명이다. 수입을 위하여 열심히 일하는 것도 사명이다.

그리스도인들은 하나님께서 자신에게 맡겨 주신 물질을 그 주신 목적을 따라 성경에서 말씀하신 물질에 대한 바른 의식과 청지기적 책임감을 가지고 사용하여야 한다. 삶의 바른 목적을 따라 살아가는 데 필요한 의(衣), 식(食), 주(住)를 위해 사용해야 한다. 그리스도인의 삶은 생존을 위한 삶이 아니라 사명을 위한 삶이기 때문에 모든 물질은 그 삶의 목적을 위하여 쓰여야 한다. 자신의 소유가 선한 목적을 위한 도구가 되어야 한다. 자신의 영광이나 욕구를 충족시키기 위한 도구로서의 물질이 아니라 부르심에 응답하는 목적을 위해 쓰여야 한다. 그것은 물론 "먼저 하나님의 나라와 하나님의 의"가 최우선 순위가 되어야 한다.

이처럼 그리스도인, 특히 교회 지도자가 되는 집사의 삶은 윤리나 도덕적 의를 넘어 사명의 삶을 위하여 자신에게 주어진 모든 것, 시간이든 소유이든 그 모든 것에 대해 청지기적 태도를 가지고 살아야 한다. 물질세계에서 물질을 사용하면서 살아가지만 그 목적은 영적인 것이어야 하고, 사람들과 함께 살아가지만 언제나 하나님을 의식하며 살아야 하고, 물질의 힘이 아니라 성령의 능력으로 살아가야 한다.

3) 집사와 헌금

물질을 가장 거룩하게 쓰는 것이 헌금이다. 제직은 헌금의 의미와 목적에 대하여 정확히 알고 헌금생활에서도 성도들의 모범이 되어야 한다. 집사는 하나님 앞에 청지기적 사명 의식을 가지고 언제나 무엇에든지 모든 일에 물질을 바르고 거룩하게 사용해야 한다. 물질은 많이 쌓아 놓는 것이 축복이 아니라 거룩하게 쓰는 것이 축복다. 그리고 가장 거룩하게 사용되는 것이 헌금이다. 원래 물질은 하나님과 이웃을 위해 쓰도록 주신 내 삶의 중요한 도구이다. 이 도구를 가장 잘 사용하는 것이 물질을 하늘에 쌓아 두는 것이고 그것이 헌금(마6:19-21)이다.

또한 헌금은 하나님의 것을 하나님께 드리는 것이다. 원래 물질의 소유주는 하나님이시다. 물질뿐 아니라 생명도 하나님의 것이기에 온전히 하나님께 드려야 한다. 그래서 하나님께서는 율법으로 모든 첫 열매, 첫 것은 하나님께 의무적으로 드리도록 명하시고 그럴 때 더 큰 축복을 주신다고 하셨다. 인간으로 하여금 물질의 주인이 하나님이시라는 사실을 기억하게 하기 위함이다. 그래서 헌금은 모든 것이 주께로 온 것임을 고백하는 신앙적 행위라고 할 수 있다.

헌금은 자신을 드리는 헌신의 표현이다. 물질은 생존의 수단이며 삶의 열매이다. 이 땅에서의 수고의 상당 부분이 물질을 위한 것이라고 할 수 있다. 물질이야말로 인간들의 보물이다(마 6:19-20). 그래서 물질을 하나님께 드린다는 것은 곧 자신의 삶을 하나님께 드리는 것이다. 성도들은 매주일 삶의 열매로 헌금을 드리면서 자신의 헌신을 표시한다. 이는 마치 구약시대에 자신을 대신하여 번제물을 하나님께 드린 것과 같은 의미라고 할 수 있다. 제사는 근본적으로 자신을 드리는 것이고, 그 자신을 드리는 표시로 헌금을 드리는 것이다. 그래서 헌금은 곧 헌신의 표이다.

헌금은 하나님의 은혜에 대한 감사로 드리며 자신의 신앙의 표로 드리는 것이다. 또 교회와 사회에 대하여 그리스도인으로서의 의무를 다하기 위한 실천 행위라고도 할 수 있다. 교회를 건축한다거나 선교 혹은 장학, 구제 등의 특별헌금의 경우가 그렇다. 그럼에도 불구하고 이 또한 하나님께 드리는 헌금이다. 하나님 사랑으로 하나님 앞에 의로운 결단으로 드리는 것이지 사람에게 보이려고 하는 헌금이 아니다. 만일 드리는 헌금이 하나님께 드리는 것이 아니고 사람에게 보이기 위해서 드리는 것이라면 그것은 하나님이 아니라 사람에게 드린 것이기 때문에 '찬조'나 '부조'는 되겠지만 헌금은 아니다. 예수님 당시 바리새인들이 그런 헌금을 드림으로 예수님의 책망을 받은 바가 있다(마 6:1). 그들은 하나님께 헌금을 드린 것이 아니라 사람들에게 칭찬을 듣기 위해 사람들에게 헌금을 드렸다. 이는 구제이지 헌금은 아니다. 따라서 사람들로부터 칭찬을 받을 수는 있지만 하나님이 받으시는 헌금이 아니다.

(1) 헌금의 자세

헌금은 감사로 드려야 한다. 헌금은 보상과 번영을 바라는 자기 목적으로 드리는 것이 아니다. 헌금은 타 종교에서 드리는 '복채(卜債)'와는 다르다. 신(神)의 환심을 사기 위해, 신을 향한 자신의 정성을 보이는 수단으로 바치는 '복채'와는 다르다. 하나님의 축복을 받고 하나님의 특별한 혜택을 입기 위해 하나님의 관심을 끌기 위한 수단으로 드리는 것이 아니라는 말이다. 헌금은 하나님의 자녀로서 당연히 드려야 할 의무이다(눅 17:7-10).

헌금에는 반드시 감사와 헌신의 의미가 있어야 한다. 교회 안에서 자기의 영향력을 확대하기 위해서, 또는 율법적으로 양심의 요구를 만족시키기 위해 드리는 성도들도 있을 수 있지만 이것 역시 바른 헌금은 아니다. 헌금은 하나님께 드리는 것이지 사람에게 보이기 위해 드리는 것이 아니다. 예수님께서는 사람에게 보이기 위한 선행을 경계하셨다(마 6:1-4). 이런 잘못된 동기로 드리는 헌금은 하나님을 기쁘시게 하는 헌금이 될 수 없다. 헌금은 하나님께서 주신 구원의 은혜와 생명, 그리고 자신에게 베푸신 은총을 감사하여 기쁨으로 겸손히 드리는 예물이다.

헌금은 자신의 삶을 제사로 드려야 한다. 예배의 제물로 드려야 한다. 구약시대 이스라엘이 자신을 드리는 표로 제물을 바쳤듯이 헌금은 자신을 드리는 헌신의 표로 드려야 한다. 사도 바울은 자신에게 보낸 빌립보 교회의 헌금을 "향기로운 제물이요 하나님을 기쁘시게 한 것이라"(빌 4:18)고 했다. 모든 것이 하나님께로부터 왔으며 하나님께서 주신 것으로 자신이 살아가고 또 의로운 삶을 위한 도구로 사용할 수 있음과 하나님을 영화롭게 할 수 있음을 감사함으로 하나님의 것을 다시 하나님께 드리는 자세가 바람직한 헌금의 자세이다. 헌금은 기쁜 마음으로 드려야 한다.

헌금은 자신의 소유 중에서 가장 좋은 것으로 우선적으로 드려야 한다. 헌금의 좋은 예는 구약시대에 이스라엘이 드린 헌금(헌물)의 예에서 찾아볼 수 있다. 구약시대에 강조된 헌금 정신은 모든 것의 가장 "첫" 번째 것과 "가장 좋은 것"을 드리는 것이었다. 그래서 추수한 곡식의 "첫 열매"를 드렸고, 가축의 "첫 새끼"를 드렸다(출 22:29; 신 17:1; 말 1:6).

헌금은 정성을 다해 준비하여서 드려야 한다. 헌금은 즉흥적으로 기분 내키는 대로 드리는 것이 아니다. 하나님이 받으실 거룩한 제물로서 헌금을 드리기 위해서는 계획과 준비로 드려야 한다(고전 16:2). 성경은 헌금을 "각각 그 마음에 정한 대로 할 것이요"(고후 9:7)라고 하신다. 마음에 정하여서 드리라는 말이다.

(2) 헌금의 표준

일반적으로 헌금의 표준을 십일조로 생각하는데 그렇지 않다. 십일조 역시 헌금이긴 하지만 성격이 다르다. 헌금은 하나님께서 주신 자신의 몫 중에서 감사한 여러 이유로 하나님께 드리는 것이고, 십일조는 원래 하나님의 것을 하나님께 드리는 것이다. 모든 물질이 다 하나님으로부터 왔고 하나님의 것이지만 하나님께서는 모든 물질의 소득 중 십분의 일만 하나님의 몫으로 계산하셔서 하나님께 돌려 드리게 하시고 나머지 십분의 구는 우리의 몫으로 주셔서 필요를 따라 사용하게 하셨다.

그래서 헌금의 표준은 십일조가 아니고 가장 좋은 것을(흠이 없는), 가장 먼저(출 13:2, 34:26; 레 2:12, 23:10, 17; 민 18:12-13; 신 26:2, 10; 느 10:35), 최선을 다하여(고후 8:3, 힘에 지나도록) 드리는 것이 헌금의 표준이라고 할 수 있다.

고린도후서 9장 7절에서는 우리가 드릴 헌금에 대하여 구체적으로 가르쳐 주고 있다.

"각각 그 마음에 정한 대로 할 것이요 인색함으로나 억지로 하지 말지니 하나님은 즐겨 내는 자를 사랑하시느니라"

얼마를 드리든지 그건 자신의 믿음의 분량대로 기쁜 마음으로 드리는 것이 헌금이라는 말씀이다. 믿음의 크기만큼 드려야 한다. 그래서 누가 많이 드리고 적게 드리는가의 문제는 각자의 믿음의 문제라고 할 수 있다. 헌금의 표준은 기뻐드릴 만큼의 헌금, 즉 "믿음만큼" 드리는 것이다.

예수님은 가난한 과부가 드린 "두 렙돈"을 보시고 "이 가난한 과부가 다른 모든 사람보다 많이 넣었도다"라고 칭찬하셨다(눅 21:1-4). 액수보다 자신의 전부를 드린 "마음", 곧 "헌신의 태도", "큰 믿음"을 칭찬하셨고 기뻐하셨다.

사도 바울은 "할 마음만 있으면 있는 대로 받으실 터이요 없는 것은 받지 아니하시리라"(고후 8:12)고 고린도 교회에 가르쳐 주었고, 또 마게도냐 교회가 힘대로 드릴 뿐만 아니라 힘에 지나도록 드렸다고 칭찬을 했다. 물론 헌금은 "힘에 지나도록"(고후 8:3) 하는 것이 좋다. 많이 심는 자는 많이 거두게 되기 때문이다(고후 9:6).

곧 율법적인 규정이 아니라 믿음만큼 기쁨으로 드리는 것이 하나님이 기뻐하실 헌금의 표준이라고 할 수 있다.

(3) 십일조 헌금

십일조 헌금은 하나님의 것, 하나님의 몫을 하나님께 드리는 것이다. 그런 의미에서 내 몫에서 드리는 헌금과는 다르다. 하나님께서는 하나님의 백성들이 십일조를 드림으로 모든 만물은 다 하나님께서 창조하신 것이고 그 모든 것을 우리 인간에게 사용하도록 허락하셨으나 모든 것의 주인은 하나님이신 것을 기억하며 하나님을 섬길 수 있도록 명하셨다.

하나님께서는 이스라엘을 약속의 땅 가나안으로 들여보내시면서 율법을 통하여 "그 땅의 십분의 일 곧 그 땅의 곡식이나 나무의 열매는 그 십분의 일은 여호와의 것이니 여호와의 성물이라"(레 27:30)고 전제하셨다. 그래서 말라기서에서는 십일조를 드리지 않은 이스라엘을 향하여 "하나님의 것을 도적질했다"고 꾸중하셨다(말 3:8).

믿음의 조상 아브라함은 하나님께서 율법으로 명하시기도 전에 자신의 전리품 중에 십일조를 드림으로 자신의 소유가 다 하나님의 것임을 인정하였다. "너희 대적을 네 손에 붙이신 지극히 높으신 하나님을 찬송할지로다 하매 아브람이 그 얻은 것에서 십분의 일을 멜기세덱에게 주었더라"(창 14:20).

야곱 역시 아버지와 형을 속이고 도피하던 중에 벧엘에서 자신을 만나 주신 하나님께 "내게 주신 모든 것에서 십분의 일을 내가 반드시 하나님께 드리겠나이다"(창 28:22)라고 약속하였다.

하나님께서는 그 후에 모세를 통해 주신 율법으로 십일조를 명하셨다(레 27:30-32; 신 12:6, 14:22, 26:12; 말 3:8). 예수님께서도 십일조 헌금에 대하여 말씀하셨다(눅 18:12; 마 23:23). 사도 바울 역시 교회 공동체의 헌금을 강조하였고, 그 헌금이 교회들을 위해 바로 사용되어야 함을 가르쳤고(고후 8:1-5, 9:12-13), 기뻐 바치는 헌금을 칭찬했다(고후 9:7).

성도들은 자신이 소유하고 사용하는 모든 물질이 하나님의 것임을 고백하는 십일조 헌금을 통하여 자신은 단지 이 땅에서 하나님의 청지기로 살아가고 있음과 물질뿐만이 아니라 자신이 그리스도의 것임을 고백하는 믿음의 삶을 살아야 한다. 물론 십일조만이 아니라 자신의 모든 소유나 능력, 삶 자체가 하나님 앞에 거룩히 드려지는 삶을 살아야 한다.

참으로 감사한 것은 성도가 십일조로 모든 것이 하나님의 것임을 고백하고 자신을 드릴 때 하나님께서도 그를 축복해 주신다는 사실이다. 십일조를 드려 거룩하게 쓰임 받을 때 하나님께서는 "네 손으로 하는 범사에 네게 복을 주시리라"(신 14:29)고 하셨고, 말라기를 통해서는 "너희의 온전한 십일조를 창고에 들여 나의 집에 양식이 있게 하고 그것으로 나를 시험하여 내가 하늘 문을 열고 너희에게 복을 쌓을 곳이 없도록 붓지 아니하나 보라"(3:10)고 약속하셨다.

물론 하나님께 가장 좋은 것으로 우선적으로 드리지 않는 것은 하나님을 모독하는 것으로 저주의 대상이 된다고 하신 말씀(말 1:12-14, 3:8-9)도 기억할 필요가 있다.

(4) 헌금의 관리

집사의 소임 중에 중요한 한 부분이 교회 재정, 곧 헌금을 관리하는 직임이다. 교회 회계부에서 직접 헌금을 수납하고 지급하는 등의 직접적인 헌금 관리를 비롯해서 각 부서에 배정된 헌금을 필요에 따라 사용하는 직임 역시 상당부분 집사의 몫이다. 따라서 헌금을 관리하는 청지기적 사역 감당을 위해서는 헌금 관리에 대한 바른 태도가 필요하다.

사도 바울이 "맡은 자들에게 구할 것은 충성이니라"(고전 4:2)고 하였듯이 이 일 역시 하나님을 향한 충성된 마음으로 행해야 한다. 가룟 유다가 예수님 제자 그룹의 재정 담당자로서 불의하게 재정을 관리한 사례가 있듯이, 교회 현장에도 그런 불미스러운 재정 관리로 어려움을 당하는 교회가 간혹 있기 때문에 안수받은 집사들 역시 재정을 맡은 청지기로서의 철저한 사명의식과 책임감을 가져야 한다.

가장 중요한 것은 재정 관리의 정직성뿐만 아니라 재정을 사용하는 기본 정신을 확립하는 일이다. 교회의 한정된 재정을 사용할 때 분명한 목적과 가치가 확립되어 있어야 그 가치를 따라 그 목적을 위해 바로 사용할 수 있기 때문이다.

기본적으로 하나님께 드린 헌금인 교회 재정은 하나님의 뜻대로 교회의 기본적인 목적을 따라 쓰여야 한다. 사회생활에 익숙한 집사들이 교회 재정을 집행하면서 세상적 가치, 곧 경제적 가치만을 따를 때가 있다. 손익을 중심으로 한 경제적 가치로 재정을 생각하여 재정투자의 효율성에만 관심을 두기 쉽다. 물론 재정 사용의 효율성은 중요하기도 하고 그래야 한다. 합리적 생각이고 교회 역시 그런 마인드가 필요하다.

여기서 유의할 것은 교회 재정에서 경제적 가치보다 우선하는 가치는 "하나님의 뜻"이고 "교회의 목적"이라는 사실이다. 교회의 기본적인 목적이 생명 구원이다. 그러나 생명 구원을 위한 투자는 금방 가시적인 효과로 나타나지 않는 경우도 많다. 어느 선교사는 동남아 오지에서 3년을 선교했는데 겨우 자기 집 가정부 한 사람밖에 전도하지 못했다고 한다. 정말 귀중한 헌금으로 보낸 선교비의 낭비처럼 효율성이 없어 보인다. 그럼에도 불구하고 선교는 계속 해야 한다는 것이 정답이다. 그것이 신앙적 가치이고 하나님의 뜻이다. 그러므로 교회 재정 투자는 현실적 효과나 가시적 열매만이 아니라 근본적으로 하나님의 뜻과 교회의 기본 목적을 따라 사용해야 한다.

무조건 선교나 봉사나 교육이나 친교 등 교회의 목적을 위해서는 효율성의 고려 없이 마구 사용해도 좋다는 의미는 아니다. 교회가 꼭 해야 할 일을 위해서는 때로 효율성이 없고 가시적 열매가 보이지 않아도 투자할 필요가 있다. 모든 것을 무조건 경제적 가치로만 봐서는 안 된다는 말이다.

또 무조건 안 쓰고 아끼는 것만이 좋은 방법은 아니다. 물론 헌금 사용은 철저해야 한다. 가난한 성도들이 자신의 전부를 드리는 마음으로 바쳐서 조성한 교회 재정을 헤프게 사용하는 것은 범죄이다. 그러나 헌금을 지나치게 아껴서 안 쓰는 것이 능사는 아니다. 주인이 맡긴 달란트를 잘 사용한 다섯 달란트와 두 달란트를 맡은 종들에 대하여는 "착하고 충성된 종"이라고 칭찬하셨지만, 안 쓰고 밭에 감추어 두었던 한 달란트를 받은 종은 "악하고 게으른 종"이라고 꾸중을 들었다는 예수님의 비유는 우리가 맡은 것을 어떻게 사용해야 하는가를 가르쳐 주신다(마 25:26). 또한 예수님은 많은 소출을 쌓아 두기만 했던 부자를 "어리석은 자"라고 평가하셨다(눅 12:13-20). 가장 잘하는 것은 아끼기만 하는 것이 아니라 필요를 따라 적절하게 잘 사용하는 것이다(딤전 6:17-18). 어떻게 '안 쓸까'를 고민하지 말고 어떻게 '잘 쓸까'를 고민해야 한다.

중요한 것은 자신이 섬기는 교회 목사의 목회 철학과 교회가 지향하는 목회적 가치를 따라 재정이 사용되어야 한다는 것이다. 예를 들면, "사람을 살리고 사람을 세우는 교회"를 지향하는 교회는 모든 재정 사용의 우선순위를 "사람을 살리고 사람을 세우는 일"에 투자할 필요가 있다. 그것은 일반적으로 공동의회의 인준을 받은 예산 계획에 맞추어 재정을 집행하면 된다. 예산 계획에는 이미 목회적 가치와 교회가 우선하는 방향으로 예산이 입안되었을 것이고, 또 성도들이 공적으로 인준한 예산이기 때문이다.

또 중요한 것은 헌금의 투명한 집행과 관리로 성도들에게 재정 집행에 대한 신뢰를 받아야 한다. 제직회를 통하여 제직들에게 투명하게 보고하여 교회 재정 집행 상항이 모든 제직들에게 공유되어야 한다. 이렇게 하는 것이 교회 재정 집행에 대한 신뢰도를 높이게 된다. 교회 재정이 교회의 목적에 따라 정직하게 집행된다는 신뢰가 있을 때 성도들은 안심하고 헌금을 드릴 수 있기 때문이다.

집사는 물질이나 헌금에 관하여 기본적으로 바른 태도를 가지고 있어야 한다. 물질이 삶의 목적이 아니라 복된 삶을 위한 수단일 뿐이며 하나님께서 맡겨 주신 물질을 하나님의 영광을 위하여, 그리고 이 땅에서 자신의 온전한 삶을 위하여 바로 사용할 청지기적 사명이 있음을 기억해야 한다. 그리스도인의 궁극적 관심은 그의 나라와 그의 의이다. 하나님께서 자신에게 맡기신 물질을 이 땅에 하나님의 나라를 세워가는 일에 바로 사용하여야 한다.

10
집사와 지역사회

1) 지역사회와 함께하는 교회

지역교회의 바람직한 존재 방식은 철저히 이웃과 함께하는 것이다. 교회가 지역주민들의 삶의 중심이 되어야 한다. 교회는 지역주민들이 "너희들의 천국"이 아니라 "우리들의 천국"으로 이해되어야 한다.

교회가 지역사회와 함께하지 않으면 아무리 많은 사람이 모여서 예배를 드리고, 은혜를 받고, 회개를 하고, 바로 살기로 결단을 한다고 해도 교인들만의 집회로 끝나고 만다. 불신자인 이웃사람들에게 관심이 없고, 이웃 역시 교회에 관심이 없다면 그 교회는 지역교회로서의 존재 가치가 없다. 교회는 지역사회와 함께함으로 존재 가치를 가질 수 있다. 등불이 아무리 밝아도 등불을 켜서 말 아래 둔다면 아무 의미가 없다(마 5:15). 예수님은 "이같이 너희 빛이 사람 앞에 비치게 하여 그들로 너희 착한 행실을 보고 하늘에 계신 너희 아버지께 영광을 돌리게 하라"(마 5:16)고 하셨다. 그래서 집사들의 지역 선교적 노력이 필요하고 지역주민들에게 교회에 대한 인식을 바로 세워 주어야 한다. 지역주민들이 교회를 "그 교회"가 아니라 "우리교회"로 인식하게 해야 한다. 이것은 전적으로 교인들, 특히 집사들이 지역사회에 보여주는 삶의 결과이다.

집사를 비롯한 교회 지도자들은 삶으로 복음을 온전케 해야 한다. 교회 전체가 예수님께서 복음의 완성으로 말씀하신 "네 마음을 다하고 목숨을 다하고 뜻을 다하고 힘을 다하여 주 너의 하나님을 사랑하라 하신 것이요 둘째는 이것이니 네 이웃을 네 자신과 같이 사랑하라 하신 것이라 이보다 더 큰 계명이 없느니라"(막 12:30)고 하신 말씀을 삶으로 실천해야 한다. 교회는 행사나 사역들을 통해 하나님을 사랑하지만 이웃 또한 사랑하고 함께할 대상이다.

우리는 사도행전에서 초대교회(원형교회) 부흥의 역사를 읽을 수 있다. 초대교회가 어려운 여건 속에서도 그토록 급속히 성장한 이유가 무엇인가를 깊이 생각해 보아야 한다. 선교는커녕 신앙의 자유조차 없는 시대에 믿는다는 것 자체가 범법이 되고 사회적인 엄청난 불이익을 당하는 여건에서 신앙을 갖는다는 것은 곧 생존의 위협을 초래하는 일이었다. 이렇게 순교를 각오하고서야 신자가 될 수 있는 때에도 어떻게 수많은 사람들이 교회로 몰려오게 할 수 있었는가를 생각해 보아야 한다.

초대교회 성도들은 점령국 로마는 물론 동족인 이스라엘, 이웃, 친지, 가족들로부터도 위협을 받아야 했던 때에, 그리고 광야(廣野), 토굴(土窟), 무덤(카타콤)으로 숨어서 예배를 드려야 하던 때에 삼천 명(행 2:41), 오천 명(행 4:4)이나 되는 많은 사람들을 교회로 몰려오게 하였다. 물론 성령의 역사였고 그 또한 하나님의 은총이었지만, 구름떼처럼 찾아오는 이해할 수 없는 신비한 현상을 사도행전 2장 47절은 이렇게 말씀하고 있다.

> "하나님을 찬미하며 또 온 백성에게 칭송을 받으니 주께서 구원 받는 사람을 날마다 더하게 하시니라"

그 이유를 "하나님을 찬미하며 또 온 백성에게 칭송을 받으니"라고 설명한다. "하나님을 찬미하며"라는 말은 하나님을 예배하였다는 말이다. 곧 하나님이 받으시는 온전한 예배가 있었기 때문에 가능한 일이었다. "온 백성에게 칭송을 받으니"라는 말을 통해 성도들이 모범적인 삶의 모습을 보여줌으로써 그 역사가 일어날 수 있었다고 설명한다.

이는 곧 성도들의 예배와 삶이 기적적 선교 역사를 이루었다는 말씀이다. 온전한 예배를 드린 성도들은 각자가 지역사회 속에서 거룩한 삶, 지역주민들에게 칭송을 받을 만한 거룩한 삶으로 선교적 사명을 잘 감당할 수 있었다는 말씀임을 기억해야 한다.

2) 지역의 영적 센터로서의 교회

이제 "교회가 지역사회 안에서 어떻게 존재해야 지역사회의 중심이 되고 지역사회를 믿음으로 이끌어 갈 수 있을까?"를 질문해 보려고 한다.

대답은 간단하다. "교회가 교회되는 것이다." 교회가 지역사회 속에서 "온전한 영적 센터"가 되어야 한다. 그렇다면 지역주민들에게 보여줄 가장 바람직한 기독교인의 모습은 어떤 모습일까? "좋은 신앙인이 되는 것이다." 지역주민들이 성도에게 기대하는 것은 무슨 특별한 봉사나 선한 삶보다는 온전한 기독교인, 곧 "거룩한 신앙인"의 모습을 보고 싶어 한다. "교인다움"이 가장 좋은 이미지이다. 지역주민들이 기대하는 교회상은 "참된 교회"이다. 생명을 걸고 세워 나가는 영적 공동체이다. 누구도 침범할 수 없는 영적 권위가 살아 있는 영적 공동체이다. "교회가 교회 되는 것"이다.

근래에 한국교회가 침체를 벗어나기 위하여 해결책으로 강조하는 것이 지역사회에 대한 봉사이다. 교회가 마치 지역사회 봉사를 위한 사회봉사단체가 된 것처럼 지역사회 봉사를 강조한다. 그래서 우리나라 복지시설의 70% 정도가 교회가 운영하는 시설이라고 한다. 그러나 우리는 안다. 그럼에도 불구하고 한국교회의 현재의 사회적 이미지나 신뢰도는 부끄러울 지경에 와 있다. 지역사회 주민들이 교회에 기대하는 것은 교회가 "훌륭한 사회봉사센터"가 되기보다는 "진정한 영적 센터"가 되기를 기대한다. 안 믿는 지역주민들조차도 교회가 교회 되기를 원하는 것이지 교회가 사회단체가 되기를 원하지 않는다. 초대교회 역시 사회봉사를 많이 했다. 고아와 과부들을 돌아보았다. 그러나 그보다는 사도들이 기도와 말씀 전하는 일을 더 우선적으로 하기 위하여 집사를 뽑았고 교회를 조직화하였다.

교회가 가져야 할 가장 중요한 이미지는 온전한 영적 공동체로서의 예배 공동체이다. 성경은 "하나님을 찬미"함으로, 곧 예배가 온전히 드려져서 하나님을 영화롭게 하는 영적 공동체가 됨으로 수많은 사람들이 영적 공동체를 찾아 왔다고 말씀한다. 그리고 온전한 예배자들의 삶 역시 지역사람들에게 '칭찬'을 받을 수 있었다. 하나님 앞에 바른 예배자가 될 때 사람들 앞에서도 온전할 수 있다. 집사가 지역사회에서 보여줄 이미지는 "온전한 교인"이다. "진짜 예수꾼"이 되어야 한다. 불신자들도 알아주는 "진짜 기독교인"이 되는 것이 중요하다.

3) 온전한 믿음의 가족 공동체로서의 교회

지역사회 속에서 중요한 교회 이미지는 교회가 진정한 믿음의 가족 공동체로 세워지는 것이다. 세상사람들이 교회를 가장 비판적으로 보는 것이 교회의 내적 갈등이다. 하나 됨의 실패를 믿음의 실패로 본다. 교회를 하나의 '문제집단'으로 보는 가장 중요한 원인이 바로 교회의 내적 갈등이다. 그래서 그리스도인들의 하나 됨, 온전한 가족 공동체 형성은 불신 지역사회가 가장 선망하는 모습이다. 교회의 가장 바람직한 공동체의 모습은 이미 초대교회 공동체에서 좋은 모범을 보여주었다. 성경은 초대교회를 "믿는 사람이 다 함께 있어 모든 물건을 서로 통용하고 또 재산과 소유를 팔아 각 사람의 필요를 따라 나눠 주며 날마다 마음을 같이하여 성전에 모이기를 힘쓰고 집에서 떡을 떼며 기쁨과 순전한 마음으로 음식을 먹고 하나님을 찬미하며 또 온 백성에게 칭송을 받으니 주께서 구원 받는 사람을 날마다 더하게 하시니라" (행 2:44-47)고 소개한다.

물론 사회 구조가 오늘날과 달랐기 때문에 단순 비교는 어렵지만, 여기서 눈여겨볼 중요한 요점은 믿는 사람들이 삶을 함께한다는 것이다. 그러니 물건을 공유하게 되고 필요에 따라 사용하였다. '함께함', '하나 됨'이 중요하다. 그 다음으로 '모이기를 힘썼다'고 한다. 함께 모여 예배하고 식탁을 나누었다. 현재도 구역이나 셀 혹은 순 모임으로 공동체 의식을 나누지만 좀 더 돈독하고 따뜻한 사랑이 넘치는 믿음의 가족 공동체가 필요하다. 이런 영적 가족 공동체의 삶을 보여줄 때 불신 이웃과 지역사회에서 거룩한 공동체의 일원이 되는 것을 영광으로 생각하게 될 것이고 교회성에 대하여 선망하게 될 것이다.

교회는 지역사회 속에서 "거룩한 영적 공동체"의 이미지를 심어 주어야 한다. 진정한 영적 공동체의 표징은 바로 "온전한 예배 공동체", "진정한 믿음의 가족 공동체"이다.

4) 지역사회에서의 집사의 선교적 역할

지역사회에서의 집사의 중요한 선교적 역할은 바로 교회 이미지를 높이는 일이다. 열심히 전도해야 하지만 더 중요한 것은 "전도가 되는 교회"를 만들어야 한다. "지역사회와 함께하는 교회", 지역의 "영적 센터로서의 교회", "거룩하고 온전한 신앙 가족 공동체로서의 교회"라는 거룩한 이미지를 지역사회 속에 심어 주어야 한다. 사실이 중요하지만 동시에 사실에 대한 바른 이해 역시 중요하다. 집사는 자신의 지역사회의 삶 속에서 자신의 삶을 통하여 교회의 거룩한 이미지를 보여주어야 한다. 예수님께서도 "이같이 너희 빛이 사람 앞에 비치게 하여 그들로 너희 착한 행실을 보고 하늘에 계신 너희 아버지께 영광을 돌리게 하라"(마 5:16)고 하셨다.

칼빈주의자이며 강해설교로 유명한 미국 LA의 그레이스 커뮤니티 교회 목사이자 캘리포니아 마스터신학교(The Master's College) 총장인 "존 맥아더" 목사는 "당신의 삶은 불신자들이 읽을 수 있는 유일한 성경이다"라고 했다. 성경을 전혀 모르는 사람들이 교회 집사의 삶에서 하나님의 말씀을 본다는 말이다. 삶으로 보여주는 성경이 바로 집사들의 삶이다. 집사는 지역사회 사람들에게 예수님을 보여주는 표본이다. 사람들은 집사를 보고 예수님을 배우고 교회가 어떤 공동체인지를 본다. 집사의 삶은 단순히 자기 개인적 삶의 선악만이 아니라 그를 지켜보고 있는 사람들의 인식에 대하여도 책임을 져야 한다. 이웃은 집사를 교회, 그리고 "예수님의 대리자"의 이미지로 바라본다. 그들은 하나님을, 예수님을, 교회를, 그리고 신앙적 삶의 미래를 집사에게서 본다. 그러므로 집사는 그들에게 하나님, 그리고 교회를 그의 삶으로 보여주어야 한다. 참으로 중요한 교회 섬김은 교회에 대한 거룩한 이미지를 보여주는 섬김이다. 그러므로 집사는 그를 보고 생명의 능력, 신비한 영적 능력을 보는 지역주민들에게 믿음을 정확하게 보여주어야 한다. 언어나 행동이 지역사회에 미칠 영향을 늘 염두에 두고 살아야 한다.

집사가 지역사회에 보여줄 교회의 이미지 중에 또 하나의 중요한 역할은 교회 목회자의 이미지를 보여주는 일이다. 목사의 진정성을 보여주어야 한다. 지역주민들의 목사에 대한 이미지는 교인들, 특히 열심 있는 집사들이 심어 준 이미지이다. 목사를 모르는 사람들은 목사에 대한 집사들의 태도를 보고 목사를 안다. 목사에게서 가장 중요한 것은 그에 대한 신뢰성이다. 사탄이 교회를 넘어뜨리는 중요한 방법은 사람들로 하여금 목사의 진실성을 의심하게 만드는 일이다. "그 목사, 설교는 번드르르하지만 사생활이 엉망이다"라는 식의 말이나 태도는 교회를 무너뜨리는 사탄의 전략이다. 집사는 사탄의 전략에 이용되지 않도록 각별히 주의해야 한다. 지역사회에서 교회에 대하여 생각 없이 하는 잘못된 말 때문에 사람들로 하여금 교회를 위선자들의 모임, 미신을 섬기듯 하는 종교 행사, 나약한 사람들이 막연한 보호를 받기 위하여 종교생활을 하고 그것으로 위로받는 어리석은 사람들의 공동체로 오해하게 만든다.

집사들은 수시로 다른 사람이나 지역사회에 비춰지는 자신의 이미지도 돌아보아야 한다. 항존직분자로서, 교회에서 어떤 역할을 하는 사람으로 비춰지는지 생각해 봐야 한다. 사실 최고의 전도는 교회 이미지를 높이는 것이다. 한 사람, 한 사람 따라다니면서 회심시키는 것, 전도를 위한 노력이 가상하지만 오늘 우리 시대는 인간을 구원하려는 노력에는 한계가 있다. 그래서 오늘날의 최고의 전도방법은 교회 이미지를 높이는 것이다. 지역주민들이 우리교회의 교인 됨에 대하여 긍지를 갖게 해야 하고 교회에 대한 자부심을 갖도록 해야 한다. 그것이 지역사회 안에서 집사의 역할이다.

마치면서

　글을 마치면서 조금은 염려스러운 것이 있다. 집사의 사명과 책임을 강조하고 집사의 실무를 중점으로 기술하였기 때문에 집사는 마치 아무 권리도 주장도 없고 아무 보상도 축복도 없이 헌신만 강요당하는 '종'처럼 이해될 수 있다는 염려이다. 집사의 헌신을 지나치게 강조함으로 집사가 되는 것이 무슨 불이익을 당하는 것처럼 생각될 수도 있다. 그러나 그렇지 않다. 집사가 되고 교회 일꾼이 된다는 것은 하나님의 축복이다. 사도 바울의 고백처럼 이는 하나님께서 그의 충성스러움을 인정해 주셔서 맡기신 직분이다(딤전 1:12). 하나님의 영광을 위해 귀히 쓰임 받는 특권을 부여받는 일이다.

　성경은 집사의 충성만 요구하는 것이 아니라 집사의 직분을 잘한 사람에게 축복이 약속되어 있다. 하나님의 자녀로서, 구원받은 성도로서, 인정받는 제직으로서 받는 기본적인 축복에 더하여서 "집사의 직분을 잘한 자들은 아름다운 지위와 그리스도 예수 안에 있는 믿음에 큰 담력을 얻느니라"(딤전 3:13)고 축복을 약속해 주셨다.

아름다운 지위를 얻는다고 한다. 집사 직분은 아름다운 직분이고 거룩한 직분이다. 그래서 하나님은 "아름다운 지위"를 주신다고 하셨다. 그 직분을 영광스럽게 해 주신다는 약속이다. 마태복음 25장의 천국 비유 중 달란트 비유(마 25:21)에서 약속하신 것처럼 하나님께서 더 큰 지위를, 더 많은 것을 맡겨 주시고 하나님의 즐거움에 참여하게 해 주신다는 말씀이다. 세상에 다른 일의 수고도 헛되지 않는데 하물며 하나님의 영광을 위하여 드린 수고야말로 엄청난 축복을 심는 일일 것이다. 하나님은 그 수고가 결코 헛되지 않게 하신다(고전 15:58; 빌 2:16). 쓰임 받음 자체가 영광이고 축복이지만 하나님께서는 그 수고까지 기억하시고 결단코 상을 잊어버리지 않으신다는 약속이다. 하나님께서는 우리의 행위와 성도를 섬긴 것과 섬기고 있는 것을 잊어버리지 않으신다(히 6:10). 더욱더 충성을 다할 수 있다는 것 자체가 축복이다.

뿐만 아니라 "믿음의 큰 담력"을 얻는다는 약속을 주셨다. 성도에게 있어서 가장 큰 축복은 믿음의 축복이다. 우리의 목적이 잘 믿는 것이고, 이 모든 수고가 다 잘 믿으려는 수고이다. 성경은 "집사의 직분을 잘한 자들은 … 믿음에 큰 담력을 얻느니라"고 약속하셨다. 이는 우리의 경험으로 익히 알고 있는 축복이다. 믿음이 좀 부족해도 헌신하고 충성하면 스스로 믿음이 좋아지고 믿음의 담력이 생기게 된다. 수고를 통하여 더욱 주님을 뜨겁게 사랑하게 되는 것을 얼마든지 경험하게 된다. 그래서 "믿음이 좋아서 봉사한다기보다는 봉사하면 믿음이 좋아진다"고 할 수 있다. 집사는 하나님의 나라를 위해 쓰임 받고, 그 수고가 헛되지 않음을 감사하며, 충성스러운 집사로 헌신하는 축복을 누릴 수 있다. 성경은 "그러므로 내 사랑하는 형제들아 견실하며 흔들리지 말고 항상 주의 일에 더욱 힘쓰는 자들이 되라 이는 너희 수고가 주 안에서 헛되지 않은 줄 앎이라"(고전 15:58)고 말씀한다.

집사를 세우는 것이 교회를 세우는 것이다. 교회에서 목사가 중요하고 장로도 중요하지만 교회를 바로 세우고 이 땅에 복음의 빛을 비춰 생명의 역사를 이루기 위해서는 먼저 집사가 바로 세워져야 하고 집사가 비추는 빛이 밝아야 한다. 교회를 교회답게 만드는 것이 목사라고 한다면 기독교를 기독교답게 만드는 것이 집사이다. 전국 방방곡곡에 산재한 모든 교회에는 목사나 장로, 권사는 없어도 집사는 다 있다. 지역주민들과 삶을 가장 깊이 나누고 함께하는 사람이 집사이고, 그리스도의 빛을 직접 세상사람들에게 나누어 줄 직분자가 집사이다. 그래서 집사의 봉사는 더 아름다운 봉사가 될 수 있다.

한국교회를 다시 잔칫집이 되게 하고 부흥하게 하기 위해서는 집사를 잘 세워야 한다. 한국교회는 지금 집사 바로 세우기 운동을 해야 한다. 그런데 문제는 목사를 세우기 위한 신학교와 장로를 세우기 위한 장로교육기관은 있는데, 목회자의 지근거리에서 목회를 돕고 지역사회에서 가장 쉽게 만날 수 있는 교회 지도자인 집사를 세우기 위해서는 훈련기관도, 교육과정도 없다. 그래서 집사는 아무나 하는 것이고 아무렇게 해도 되는 것으로 오해를 한다. 교회 지도자들도, 지역사회 주민들도, 집사 스스로도 자신의 무한 책임과 중요성을 알지도, 알려고도 하지 않고, 아무 개념 없이 여기저기 집사를 임명하여 집사가 되고, 아무런 느낌 없이 집사라고 불리며 집사 노릇을 한다. 집사가 제일 중요한데, 집사는 있으나 마나 한 존재가 되었다. 그래서 집사는 직분이라기보다는 오래된 성도를 부르는 일반명사가 되어 버렸다.

집사를 잘 세워야 한다. 그래서 집사는 마땅히 그리스도의 일꾼이요, 하나님의 비밀을 맡은 자로 인정을 받도록 해야 한다(고전 4:1). 교회는 집사들이 "진리의 말씀을 옳게 분별하며 부끄러울 것이 없는 일꾼으로 인정"(딤후 2:15)을 받을 수 있도록 가르치고 훈련하여 세워야 한다. 이름만 가진 집사가 아니라 진리의 말씀을 옳게 분별하고 자신을 하나님께 온전히 드릴 수 있는 신실한 일꾼으로 세워야 한다. 알아야 실천할 수 있기 때문에 가르쳐야 하고 훈련되어야 능력자가 될 수 있기에 훈련해야 하고, 직임의 소중성을 알아야 충성할 수 있기에 잘 가르치고 충분한 훈련을 통하여 세워야 한다. 집사직의 거룩성을 잘 세워 주어야 한다.

교회는 특히 집사의 직무훈련에 유의해야 한다. 권한은 행사하면 되지만 의무는 바로 알아야 행할 수 있다. 집사가 되는 것은 선택받고 임명받고 안수받으면 되지만, 집사의 직임을 바로 감당하는 능력은 안수받는다고 생기는 것이 아니라 배우고 훈련받아야 생긴다. 일을 열심히 충성스럽게 하는 것도 중요하지만 바로 하는 것이 더 중요하다.

잘 모르고 열심히 하면 더 많은 잘못을 더 쉽게 범하게 된다. 길을 바로 알고 빨리 가야 목적지에 쉽고 빠르게 도착할 수 있다. 길을 모르고 빨리 달리면 목적지와 더 멀리 잘못 가게 된다. 한국교회 제직 중에 절대 다수를 차지하는 집사들이 저마다 사명을 바로 알고 직분을 바로 알고 교회를 바로 섬길 수 있다면, 한국교회는 반드시 새로운 세계를 열어갈 수 있을 것이다.

필자는 그런 열망으로 이 책을 집필하였다. 집사를 세워서 교회를 세우고 다시 이 땅에 복음의 새 역사를 바라는 간절함으로 이 책을 썼다. 집사가 집사 노릇을 잘하여 교회가 교회 노릇하기 위하여 이 책을 썼다. 집사, 그 직분이 얼마나 아름다운 봉사인가를 일깨우기 위하여 이 책을 썼다.

작은 책 한 권에 집사를 위한 모든 정보를 담을 수는 없지만 그 중요성이라도 강조하고 싶은 열망으로, 그리고 집사에 대한 새로운 안내서가 더 많이 출판되고 집사가 일반명사가 아닌 존귀한 고유명사로 인식되기를 바라는 마음으로 책을 마치려 한다.

"집사, 그 자랑스러운 봉사!" 할렐루야!